Peter Bartning

Auf dem Weg mit dem Inneren Kind

Das Buch

Das praktische Übungsbuch zur individuellen Arbeit mit dem Inneren Kind: Durch angeleitete Schreibübungen und zahlreiche Beispiele ermutigt der Autor die Leser zum »Freien Schreiben« mit dem Inneren Kind. Dazu erhält der Erwachsene das Handwerkszeug: praktische Übungen zur eigenen Stärkung und zum heilsamen Umgang mit dem Inneren Kind. Durch den individuellen Zugang kann der Leser innere Blockaden aufheben und zu innerer Einheit und stimmiger Lebensgestaltung finden.

Der Autor

Peter Bartning, geb. 1952, ist Heilpraktiker für Psychotherapie, Paar- und Familientherapeut, Systemischer Supervisor, hat Ausbildung in Transaktionsanalyse und ist selbstständig in eigener »Praxis für Beziehungsheilung«. Er hält Praxisseminare und Vorträge zur Aussöhnung mit dem Inneren Kind.

Mehr Informationen: www.beziehungsheilung.de

Peter Bartning

Auf dem Weg
mit dem Inneren Kind

Leben im Einklang mit sich selbst

HERDER

FREIBURG · BASEL · WIEN

HERDER spektrum Band 6780

MIX
Papier aus verantwor-
tungsvollen Quellen
FSC® C083411

© Kreuz Verlag
in der Verlag Herder GmbH, Freiburg im Breisgau 2012
ISBN 978-3-451-61101-8

© Verlag Herder GmbH, Freiburg im Breisgau 2015
Alle Rechte vorbehalten
www.herder.de

Umschlaggestaltung: agentur Idee
Umschlagmotiv: © Khorzhevska – Fotolia.com

Satz: de·te·pe, Aalen
Herstellung: CPI books GmbH, Leck

Printed in Germany

ISBN 987-3-451-06780-8

Inhalt

Vorwort

Sie halten ein Praxisbuch in den Händen, liebe Leserin und lieber Leser. Hiermit möchte ich Sie einladen, es unmittelbar anzuwenden und mit Ihrer Arbeit mit Ihrem Inneren Kind zu beginnen. Treten Sie ein in den heilenden Dialog mit Ihrem Inneren Kind.

Dieses Buch basiert auf meinen Innere-Kind-Seminaren, die ich seit vielen Jahren durchführe. Bei diesen Kursen ist es für mich immer spannend und anrührend zugleich mitzuerleben, wie die Teilnehmerinnen und Teilnehmer in einen inneren Prozess kommen, in dem sich das Unterbewusstsein meldet. Denn dieses beinhaltet ja große Teile des Inneren Kindes. Oft äußern sie dann Sätze wie *»Ich hätte nie gedacht, dass ich so etwas aufschreiben könnte – aber es stimmt vollkommen!«*

Ähnlich beeindruckt war ich, als ich vor gut 30 Jahren selbst eine Ausbildung in der von Eric Berne (1910–1970) begründeten Transaktionsanalyse anfing. Er benannte als Erster, dass in jedem Menschen ein so genanntes *Kind-Ich* real wahrnehmbar sei. Dieses unterschied er von dem *Erwachsenen-Ich* und vom *Eltern-Ich*. Seither haben mich die Verkettungen in der Tiefe unserer Psyche fasziniert. Genial, wie sie arbeitet und wie alles durchaus logisch oder auch *psycho*logisch zusammenhängt!

Gut zehn Jahre später kam ich mit dem ersten Buch über das »Innere Kind« in Berührung: *Aussöhnung mit dem inneren Kind* von Erika J. Chopich und Margaret Paul. Dadurch fügten sich weitere Bausteine in ein Gesamtbild, zum Beispiel welch scharfsinnige Wege das Innere Kind oft ersinnen muss, um mit den jeweiligen Umständen umgehen zu können!

Wiederum etwa zehn Jahre später nahm ich an einem Seminar teil, das mir zu einem Aha!-Erlebnis wurde: Es behandelte ein von Daniel S. Barron entwickeltes Verfahren, das *Emotive Subself Healing (ESH)* genannt wird (dt.: *Emotionale Heilung der Subpersönlichkeiten*). Während die Transaktionsanalyse mir ein griffiges Modell geliefert hatte und das Innere-Kind-Buch schon einen ersten praktischen Ansatz bot, war dieses Seminar für mich Praxis pur!

Dabei erschien mir zwar das dort vorgestellte Modell der Psyche an vielen Stellen unlogisch, und ein Begriff vom »Inneren Kind« kam gar nicht vor. Aber ich konnte manches sozusagen in meine eigene Begrifflichkeit übersetzen, entwickelte im Laufe der Zeit ein für mich passenderes Schema der Psyche und begann schließlich mit meinen eigenen Praxisseminaren.

Ich wünsche Ihnen, liebe Leserin und lieber Leser, viele gute, tiefe Erfahrungen! Denn es gibt viel zu erleben, mehr, als unser Verstand uns bieten kann. Es gilt, eigene Erfahrungen mit dem Inneren Kind zu machen!

Peter Bartning

Teil 1:

Wie wir unsere natürliche Einheit verloren haben

Wir möchten unsere innere Einheit wiederfinden. Dafür ist es notwendig, dass wir verstehen, wie wir diesen natürlichen guten Zustand verloren haben. Deshalb handelt dieser erste Teil von der Verwandlung des unbeschwerten Inneren Kindes in ein verletztes Inneres Kind sowie seine möglichen Reaktionen auf die Verletzung.

Auf der Suche nach unserem Inneren Kind

Viele Menschen schauen gerne kleinen Kindern zu: allein, wie anmutig sie sich bewegen können! Und mit welch anrührend-unschuldigen Augen sie uns anschauen! In den betreffenden Erwachsenen kommt vielleicht unbewusst ein Sehnen auf, eine Erinnerung an Zeiten, als sie selbst so anmutig und so unschuldig waren. Wo sind diese Anmut und diese Unschuld geblieben?

Oder ein Kind wirft sich in einem Wutanfall auf den Boden, womöglich gar noch im Supermarkt, strampelt mit Armen und Beinen … Haben Sie vielleicht schon einmal versucht, ein Kind in solch einem Zustand hochzuheben? Es gelingt einem fast gar nicht. Aber solch eine Menge von *Energie* hat in uns allen einmal gesteckt! Wo ist diese Energie nur geblieben?

Um solche und ähnliche Fragen beantworten zu können, müssen wir uns auf die Suche machen – auf die Suche nach unserem Inneren Kind.

Das »Innere Kind« ist ein symbolischer Ausdruck für den Teil unserer Psyche, in dem unsere tieferen Empfindungen, die Bauchgefühle sowie unsere Vergangenheit wohnen. Es beeinflusst maßgeblich unseren Alltag in unserem Denken, unseren Gefühlen und unseren Handlungen.

Beispielsweise blicke ich tief in Gedanken über meine Arbeit aus dem Fenster, und plötzlich bemerkt mein Inneres Kind, wie schön die Sonne auf die Bäume scheint, und freut sich. Und das Resultat: Ich fühle mich plötzlich glücklich!

Ein andermal bin ich bei der Arbeit innerlich verquer, das heißt, mein Inneres Kind hat schlichtweg keine Lust, aber ich schiebe es beiseite, da die Arbeit ja getan werden muss. Und als Resultat bin ich abends ausgelaugt. Denn: Ein Kontaktabbruch zu meinem Inneren Kind kostet enorm viel Kraft, wohingegen vielleicht wenige Sekunden an Verbundenheit genügt hätten, die inneren Kräfte wieder fließen zu lassen. Und ich hätte meine Arbeit sogar beschwingter fortsetzen können!

Sehr häufig, eigentlich sogar immer, mischt das Innere Kind auch bei Beziehungsstreits sehr kräftig mit. Oder wie ist es sonst zu erklären, wenn sich erwachsene Menschen, die sich ja (angeblich) lieben, mitunter vehement bekämpfen, vielleicht sogar bis aufs Blut, vielleicht gar wörtlich genommen?

Manchmal kommt man sich in solchen Streits geradezu wie fremdgesteuert vor. Vielleicht hat dann das Innere Kind das Ruder übernommen!

Ähnliches gilt zum Beispiel bei übergroßen Ängsten, bei nie enden wollendem Schmerz oder bei gewaltiger Wut. Vielleicht werden diese Gefühle an den Partner gehängt, vielleicht sind sie allgemeiner Natur und ohne eine bestimmte Zielrichtung.

Dann ist immer das Innere Kind mit im Spiel – es

werden nämlich Gefühlserfahrungen aus der Vergangenheit des Kindes sozusagen wieder abgespielt wie ein alter Film oder ein Musikstück aus lang zurückliegenden Zeiten. Oft geschieht das, ohne dass der Erwachsene im entferntesten ahnt, woher seine Gefühle kommen, weil diese Zusammenhänge meist gar nicht erkannt werden. Nicht umsonst heißt der Speicher, in dem alles aufbewahrt wird, ja das *Unter*bewusstsein!

Das Innere Kind ist mit einer Art unablässiger »Wiedervorlage« ausgestattet. Immer und immer wieder inszeniert das Innere Kind die gleichen Themen, die schon in der Kindheit nicht bewältigt worden waren – nach immer dem gleichen Muster. Ähnlich wie in dem Film *»Und täglich grüßt das Murmeltier«* ein Journalist erleben muss, wie sich ein und derselbe Tag fortlaufend wiederholt, erleben wir als Erwachsene immer und immer wieder die gleichen Themen, nur mit jeweils anderen Darstellern. Siegmund Freud hatte das nicht sehr schmeichelhaft »Wiederholungszwang« genannt. Dabei ist der Wiederholungszwang eigentlich ganz logisch: Was wir damals nicht als Kind hatten lernen oder bewältigen können, lässt natürlich eine Lücke, ein Defizit zurück. Und später als Jugendlicher und dann als Erwachsener kommt man früher oder später in Situationen, wo genau diese Fähigkeit gefragt ist. Aber die ist ja nicht vorhanden!

So muss man vielleicht mehrere Runden drehen, bis man es endlich kapiert und dazulernt.

Dabei ist eine nicht unerhebliche Einschränkung,

dass das Ganze nahezu vollständig unterbewusst abläuft ... Da ist die Beschwerde beim Universum oder sonstwo durchaus gerechtfertigt, wie man das denn – bitte schön – überhaupt wahrnehmen könnte?!

Aber, so überraschend es klingen mag: Wir *sind* als Menschen in der Lage, auch mit unserem Unterbewusstsein in Kontakt zu treten! Das kann man lernen! Doch da man sich so etwas nicht in der Schule anzueignen vermag, sind wir auf diesem Gebiet in der Regel Analphabeten. – Wir werden im Teil 2 sehen, wie wir einen Kontakt zu unserem Inneren Kind und zu allen Teilen unserer Psyche bewerkstelligen können. So kann es gelingen, dass unsere seelische Energie zwischen unseren psychischen Instanzen ungehindert fließen kann.

Dass unsere Psyche verschiedene »Teile« hat, ist eine uns allen vertraute Alltagserfahrung. Oft drücken wir das zum Beispiel so aus: »Mein Verstand sagt mir ...., aber mein Gefühl sagt was anderes.« Oder poetischer mit Goethe: »Zwei Seelen wohnen, ach! in meiner Brust.« Wobei es weit mehr als nur zwei »Seelen« gibt.

Wenn man von seinem Inneren Kind mehr oder weniger abgeschnitten ist, kann es sich sogar in Gegensatz zum »Oberbewusstsein« stellen. Das könnte dann zum Beispiel so aussehen: Ich will etwas kraftvoll und mit Nachdruck sagen. Gleichzeitig spricht das Innere Kind sozusagen auf der zweiten Leitung zum Gegenüber und sagt ihm unterbewusst: »Bitte, bitte, tu mir nichts!« – dann ist es aber um meine Kraft geschehen!

Denn mein Gegenüber spürt diese doppelbödige Botschaft, die sich vielleicht nur durch ein unscheinbares Mienenspiel und eine widersprüchliche Körperhaltung ausdrückt. Lässt sich das Oberbewusstsein immer wieder mal irreführen – das Unterbewusstsein lässt sich nicht täuschen! Das Gegenüber ahnt also, wie es um mein Inneres Kind steht, und die Folge ist: Ich werde in dieser Widersprüchlichkeit nicht ernst genommen.

Viele Erwachsene machen auch oft diese Erfahrung: Man erkennt das Innere Kind irgendwo im Außen wieder, ohne zu wissen, was da eigentlich vor sich geht. Es weinen zum Beispiel viele Menschen bei rührseligen Filmen. Sonst tun sie das vielleicht nie, aber nun darf sich das Innere Kind mit seinen Gefühlen zeigen! Nun ist es endlich mal erlaubt!

Oft haben Menschen auch Mitgefühl für das Leiden anderer Menschen. Das ist zunächst natürlich begrüßenswert. Mitunter kann es darüber hinaus auch bedeuten – muss es aber nicht! –, dass die Mitleidenden in dem Leid *anderer* Innerer Kinder unterbewusst das *eigene* Innere Kind mit leiden sehen!

Auch beim Streit über Erziehungsfragen zwischen Eltern reden die Inneren Kinder mit. Streit bedeutet dann eigentlich: »Wie gehst du mit meinem *Inneren* Kind um?« Hier sieht sich jedes Elternteil unbewusst wie in einem Spiegel und fühlt sich durch den Erziehungsstil des anderen jeweils benachteiligt.

Es könnte aber auch der Fall sein, dass man unterbewusst den Erziehungsstil der jeweiligen Eltern imitiert. Dann setzt man das von Kindesbeinen an Gewohnte fort. Das wäre dann so, als würden sich sozusagen die *Inneren Eltern* der beiden Erwachsenen über die Erziehungsziele streiten!

Durch ein Abgeschnittensein vom Inneren Kind können sich manchmal sogar psychosomatische Symptome entwickeln. So will sich unsere Psyche als letzten Ausweg mitteilen. Denn durch die Symptome hämmert das Innere Kind sozusagen an die Tür unseres Bewusstseins, damit wir es endlich, endlich einmal hören! Es will uns nämlich endlich beschenken können!

Viele Menschen kennen solche Dialoge mit dem Inneren Kind, ohne das besonders zu beachten. Manche hingegen sorgen sich, ob das auf eine gespaltene Persönlichkeit hinweisen könnte. Aber es geht um normale innere Prozesse.

Es leuchtet ein, dass möglichst alle diese Teile in einem Zusammenklang stehen sollten, nicht in einem Gleichschritt, sondern eher wie bei einem Orchester. Da spielen alle Musiker auch nur selten ein und denselben Ton. Weitaus interessanter sind jedoch möglichst harmonische Melodien.

Wenn wir mit all unseren inneren Teilen wieder in Harmonie sind, fühlen wir uns wie ein Ganzes und dabei zugleich vielfältig und reich. Dann müssen wir nicht mehr in Teilen gegen uns selbst kämpfen; wir haben uns mit unserem Inneren Kind versöhnt.

Um (wieder) zu diesem Einklang, dieser Einheit mit sich selbst zu kommen, müssen aber besondere Umgangsformen mit allen Teilen der Psyche erlernt werden. Denn sicher hat jeder schon die Erfahrung gemacht: Das Innere Kind unterliegt nicht unserer Willenskraft, sondern hat eine Eigengesetzlichkeit. Mit anderen Worten: Das Innere Kind macht mitunter, was es will!

Dieses Buch veranschaulicht, wie wir die verschiedenen Teile unserer Psyche erkennen, um dann damit gut umgehen zu können. Es beschreibt einen Weg zu innerer Einheit.

Das unbeschwerte freie Kind

Es ist vielleicht mal anmutig, mal übermütig; mal frech-direkt, mal charmant – auf jeden Fall ist es *ganzheitlich,* weil noch ganz mit sich selbst verbunden. Vor allem Säuglinge sind noch so »unschuldig«, das heißt noch völlig eins mit der Natur und ihrem Schöpfer, ja, mit dem ganzen Universum. Etwas später kann sich dieses Einssein zum Beispiel darin zeigen, dass ein Kind völlig aufgeht im Bestaunen einer Blüte. Es ist dann so ganz »im Moment«, dass es fast brutal ist, wenn man es aus einem solchen Augenblick reißt.

Nach solcher Einheit sehnen wir uns – zumindest unbewusst – zu Recht zurück.

Noch später kommt ein solches Einssein zum Beispiel im so genannten *Kind im Manne* wieder zum Vorschein, wenn dieser ganz versunken mit der Eisenbahn spielt oder auf dem Fußballplatz mit allen Leuten um die Wette schreit. Ebenso kann auch das *»Kind in der Frau«* wieder aufleben, auch wenn dieser Ausdruck keine stehende Redewendung ist.

Übungen, die solche Energie des Inneren Kindes für den Alltag reaktivieren

Erinnern Sie sich an Gutes aus Ihrer Kindheit

Versetzen Sie sich in einer ruhigen Minute in ihre Kindheit und erinnern Sie die Spiele, die Sie zwischen vier und zwölf Jahren zu spielen pflegten: Was genau haben sie da gespielt? Waren andere Kinder mit dabei? Welche Materialien haben Sie zum Spielen benutzt?

Noch wirksamer wird diese Übung, wenn Sie sich zu mehreren erinnern und darüber austauschen. Da gibt es im Allgemeinen ein fröhliches Gelächter, wenn allen immer mehr Einzelheiten einfallen.

Diese Übung wendet sich an die positiven Erinnerungen des Inneren Kindes *der Vergangenheit*. Und diese mit anderen zu teilen gibt einen besonderen Reichtum.

Fragen Sie Ihr Inneres Kind, was es denn gerade gerne spielen würde

Diese Übung wendet sich an das Innere Kind *der Gegenwart:* »*Hallo, liebes Inneres Kind, was würdest du gerne jetzt spielen wollen?*« – Das wird Ihr Inneres Kind Ihnen auf seine Weise zu verstehen geben: durch einen Eindruck, einen Impuls, durch einen Gedanken.

Dabei ist dies wichtig: Das Spiel müssen Sie dann

nicht unbedingt auch real ausführen; es reicht meistens aus, sich vorzustellen, dieses Spiel mit dem Inneren Kind zusammen zu spielen. In der Regel kann dann mit dem gemeinsamen Fantasieren auch bei dem Erwachsenen eine Begeisterung wachsen.

Das verletzte Kind und seine möglichen Reaktionen darauf

Das Paradies, in dem wir uns als freie Kinder oft anfangs noch gewähnt hatten, besteht so nicht. Früher oder später kommt es zu Verletzungen, und leider gar nicht selten werden Kinder vernachlässigt oder gar missbraucht. In der einen oder anderen Form werden wir an der eigenen Psyche erfahren haben, dass wir aus unserer »Unschuld« gerissen worden sind. Wir haben gespürt: Die Liebe zwischen meinen Eltern und mir ist nicht immer ungehindert geflossen.

Das kann unter Umständen schon im Mutterleib geschehen: Welche Gefühle hat die Mutter zum Ungeborenen? Spricht sie vielleicht liebevoll mit ihm? Oder ist das Ungeborene etwa gar nicht erwünscht? – Alles das kann das Kind schon im Mutterleib spüren.

Es kann auch eine Rolle spielen, ob das Neugeborene gestillt wird. Stillen bedeutet ja nicht nur Nahrungsaufnahme und Wärme. Sondern viel mehr auch Herzenswärme: »Jemand liegt mir am Herzen«, so sagt die Redewendung. Wenn der Säugling der Mutter auch im übertragenem Sinne *am Herzen* liegt, dann ist er sicher, zufrieden und rundum wohlig – wobei dies natürlich auch ohne lange Stillphasen möglich ist.

Wenn kein oder kein ungehinderter Liebesfluss zustande kommt, kann eine ganze Kaskade von verschiedenen Gefühlen die Folge sein. Das kann nicht nur bei Säuglingen, sondern in allen Altersstufen auftreten: bei noch Ungeborenen, bei Säuglingen, bei Kleinkindern, bei Jugendlichen, bei Erwachsenen. Die Reaktionen der Psyche sind in allen Fällen gleich. Denn es gibt nicht nur ein Inneres Kind, sondern vielmehr Innere Kinder in allen Altersstufen. Und mal meldet sich das fünfjährige Kind, mal der Innere Säugling, mal der Pubertierende! Je nachdem. Im Folgenden werde ich den Sammelausdruck *»Inneres Kind«* beziehungsweise *»Kind«* verwenden.

Lesen Sie nun mehr darüber, was alles passieren kann, wenn es schief geht, wenn die Liebe also nicht ungehindert fließt.

Was geschieht, wenn ein Kind nicht genügend Liebe erfährt, nicht durch die Eltern »gefühlt« wird, wie es der Arzt und spätere Zen-Meister David S. Barron ausdrückte. Was geschieht, wenn es stattdessen vernachlässigt oder gar misshandelt wird? Dann kommt das natürlich als *seelischer Schmerz* ins Bewusstsein:

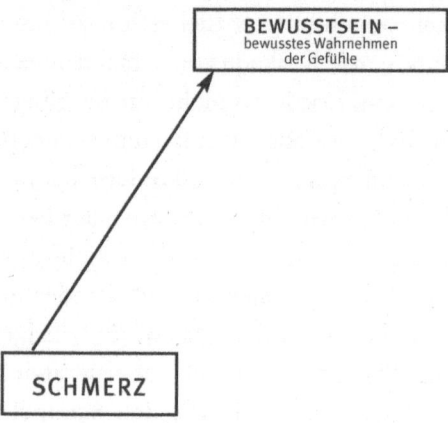

Gewöhnlich schreit das Kind daraufhin oder es macht sich sonst irgendwie bemerkbar. Wenn dann die Eltern etwas gegen den Schmerz tun, ist wieder alles im Lot (handfeste körperliche Schmerzen werden hier nur hinsichtlich der daraus folgenden seelischen Schmerzen berücksichtigt). Geschieht das aber nicht oder nicht immer, dann kann im Laufe der Zeit ein weiteres Gefühl hinzukommen:

Das ängstliche Kind

Wenn das Kind befürchtet, dass der Schmerz *immer wieder* eintreten könnte, kommt *Angst* hinzu.

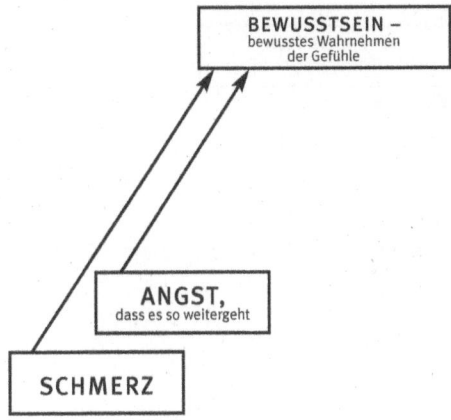

Das wütende Kind

Früher oder später gerät das Kind in Zorn oder *Wut*. Es drückt damit aus: *»Hier muss sich was grundlegend ändern!!«*

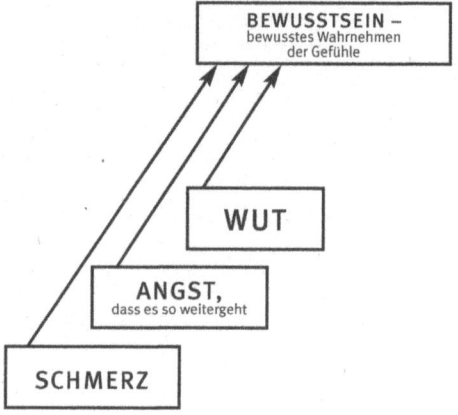

Aber wenn die Eltern schon nicht mit Schmerz oder Angst angemessen umgehen konnten, dann mit Wut sicherlich schon gar nicht. Dann geschieht eine Art Quantensprung: Die allermeisten Kinder »entdecken« – unterbewusst! – eine geniale Einrichtung der Psyche, die *Abwehr*.

Das clevere Kind, das die Abwehr entdeckte

Mithilfe der Abwehr können all diese Gefühle ins Unterbewusstsein verschoben werden. Motto: »Aus dem Auge, aus dem Sinn«. Das Resultat: Keine oder fast keine Gefühle drängen sich mehr ins Bewusstsein!

Bei Ihnen, liebe Leserin, lieber Leser, gelangen sicher noch verschiedene Gefühle ins Bewusstsein. Denn wenn Ihre Abwehr lückenlos funktionieren würde, dann würden Sie dieses Buch nicht lesen. Sie würden sich ja rundum nur gut fühlen.

Das Innere Kind will einfach nicht mehr verletzt werden, Angst haben oder Wut verspüren und macht deshalb einfach »zu«. Diese Entdeckung des Inneren Kindes ist genial, und so hat die Abwehr praktisch uns allen das seelische Überleben ermöglichen können! Und dies können wir unserer Abwehr wahrlich nicht hoch genug anrechnen.

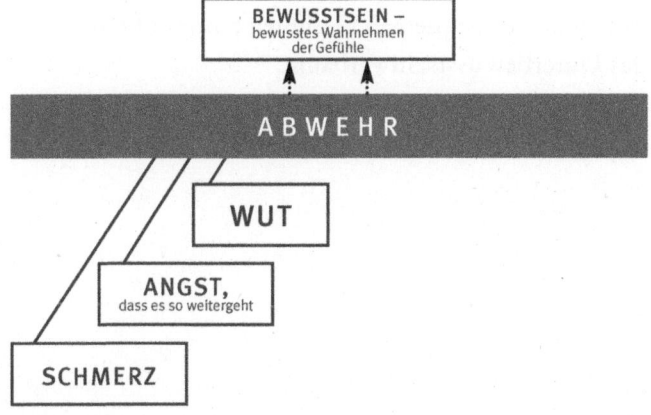

Aber diese Abwehr, so genial sie ist, hat ihre Tücken. Es ist ja nicht so, dass die Gefühle und die damit verbundenen Themen etwa erledigt seien! Vielmehr köcheln sie weiter vor sich hin, und es wird im Laufe der Jahre immer schwieriger, die mithilfe der Abwehr gedeckelten Gefühle weiter unter Kontrolle zu halten. Und irgendwann, vielleicht Jahrzehnte später, kann das Ganze dann überkochen.

Durch die Abwehr entsteht eine innere *Zerrissenheit*, nämlich eine Art Zweiteilung, wenn auch unterbewusst: eine Zerrissenheit zum Beispiel zwischen »Person und Persönlichkeit«, »Strategischem Selbst und Authentischen Selbst«, zwischen »Ego-Zustand und Höherem Selbst« – je nach zugrunde gelegtem Modell.

Warum die meisten Menschen in unserer westlichen Welt diesen Weg in die Zerrissenheit durch die Abwehr gehen, wissen wir allerdings nicht. Nur sehr wenige Kinder behalten ihre unschuldige Natur weiterhin, manchmal sogar trotz erfahrener Misshandlungen. Alle anderen verdrängen, und so sind diese Inneren Kinder mit all den unbequemen Gefühlen zum größten Teil in das Unterbewusstsein verbannt.

Das energielose Kind

Nun ist »Ruhe im Karton«. Das Innere Kind ist gewissermaßen eingesperrt. In eine Holzkiste, in eine eisenbeschlagene Truhe, in einen Kerker, je nachdem, was und wie viel abgewehrt werden musste.

Doch die Abwehr ist ungemein kräftezehrend, damit sie funktionieren kann. Sie hat einen hohen Preis: Sie muss ja mindestens ebenso groß sein wie Schmerz plus Angst plus Wut! Wie viel seelische Energie bleibt dann noch zum Leben und Glücklichsein? Nicht mehr viel.

So entsteht als Folge der Abwehr innere *Leere*, Energielosigkeit, Sinnlosigkeit, vielleicht gar Depression – je nach Schwere der abgewehrten Themen und Gefühle:

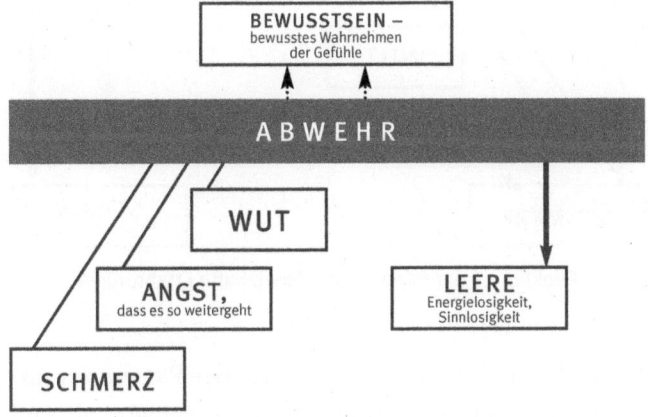

Das schamvolle Kind

Jedes Innere Kind macht sich unbewusst einen Reim darauf, *warum* ihm seine Eltern nicht genügend Liebe entgegengebracht haben. Und weil die meisten ja noch nicht die Möglichkeit zu irgendwelchen Vergleichen haben, suchen sie den Fehler bei sich selbst: »*Ich* muss irgendetwas falsch gemacht haben! Irgendwie bin ich verkehrt!« – Die Folgen sind existenzielle *Schamgefühle*:

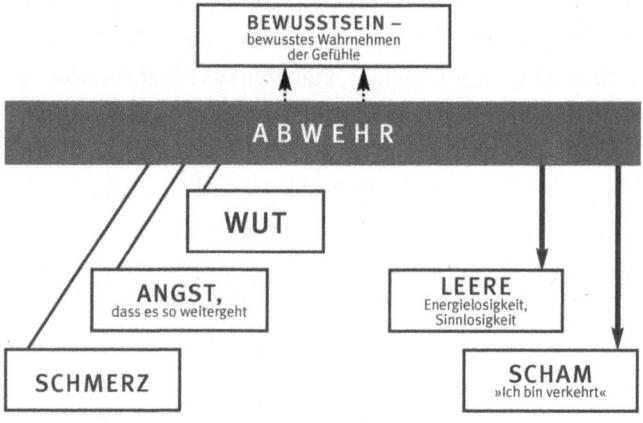

Reaktionen der Psyche auf schmerzhafte Erfahrungen

Dies alles sind *normale* Reaktionen der Psyche auf unnormale Situationen. Sie laufen *unterbewusst* ab und sind bei Menschen in allen Altersstufen anzutreffen.

Jedoch sind die Reaktionen nicht bei allen abgewehrten Lebensthemen gleich. Bei manchen Menschen geht es bis zum schamvollen Kind, bei anderen nur bis zur Wut – das ist eben individuell verschieden.

Schlussfolgerungen

Wenn sich das verletzte oder ängstliche, das wütende, das energielose oder schamvolle Innere Kind der Vergangenheit meldet, sei es durch unbestimmte Ahnungen, durch mächtige Gefühle oder gar durch handfeste Abstürze, dann geschieht das *immer* aufgrund eines Anlasses. Das ist auch dann so, wenn man scheinbar grundlose Gefühle erlebt. Man ist sich nur in den seltensten Fällen bewusst, dass das Innere Kind mit seinen realen Erfahrungen der Vergangenheit dahintersteckt. (Ausgenommen davon sind natürlich Gefühle mit organisch bedingten Hintergründen.)

So gesehen leben wir alle gleichermaßen in parallelen Erlebniswelten: hier der erwachsene Anteil, dort das Innere Kind der Gegenwart, zudem das Innere Kind der Vergangenheit (der Innere Säugling, der Innere Pubertierende, gar der Innere Fötus, oder welche Altersstufe sich auch immer da gerade meldet).

Demnach können sich diese Teile unserer Psyche auch parallel, also gleichzeitig melden. Das bedeutet, dass wir laufend auch Gefühle aus längst vergangenen Situationen erleben können, die in aktuelle Situationen hineingetragen werden. Aus Sicht des Inneren Kindes bedeutet das dann, dass ein jeweiliges Gegenüber nicht mehr die aktuelle Person ist, sondern jemand anderes.

Beispielsweise verwandelt sich dann meine Liebste oder mein Liebster in den Augen meines Inneren Kindes in meine leibhaftige Mutter oder den Vater von damals.

Mit allen Konsequenzen: Wenn die Mutter oder der Vater von damals zum Beispiel oft rasend vor Zorn gewesen war, dann fühle ich mein Inneres Kind vielleicht voller Angst, eingeschüchtert oder ebenfalls vor Wut schnaubend. Ja, vielleicht ist man in dem Moment ausschließlich Inneres Kind; der erwachsene Teil ist – zumindest vorübergehend – nicht vorhanden oder gelähmt.

Und all das geschieht, ohne dass das aktuelle Gegenüber davon überhaupt etwas begreifen könnte. Das Gegenüber lieferte nur den Auslöser, an dem die eigene Psyche dann alles Weitere aufgehängt hat.

Aber wenn ich mich unversehens im Horrorkabinett meiner Kindheit wiederfinde, dann laste ich das in den allermeisten Fällen dem jeweiligen Gegenüber an! Und den bekämpfe ich dann, oder ich falle in ein Loch – je nach meinem damals real gewesenen Erleben.

Der nüchterne Fachausdruck für solches Geschehen ist »Übertragung«. Unterbewusst übertrage ich Gefühle, Verhaltensmuster und Denkweisen aus früheren Situationen in die Gegenwart. Damit setze ich den aktuellen Personen Masken der damaligen Menschen auf. Und diese wissen in den meisten Fällen gar nicht, wie ihnen geschieht.

Das Innere Kind der Vergangenheit macht sich in grundsätzlich zwei unterschiedlichen Situationen oder Befindlichkeiten eines Erwachsenen bemerkbar:

- Das Innere Kind meldet sich, wenn jemand an seinen Verletzungen rührt oder es gar neu verletzt. Dies erfolgt auch dann, wenn das Innere Kind der Vergangenheit eine Verletzung (unterbewusst!) provoziert hatte – wie im vorigen Abschnitt ausgeführt wurde. Als Faustregel kann man veranschlagen: Etwa 80 Prozent von dann hochkommenden problematischen Gefühlen stammen aus der eigenen Kindheit, vielleicht 15 Prozent stammen aus der Geschichte der Beziehung zu dem aktuellen Gegenüber und allenfalls 5 Prozent stammen aus dem momentanen Anlass. Problematische Gefühle entstehen also tatsächlich meistens aufgrund von Anlässen, die an schon uralte, früher geschlagene Wunden rühren. Dabei meinen wir allzu oft, dass es gerade umgekehrt sein müsse: Das Gegenüber habe mindestens 80 Prozent der Schuld an meinen momentanen Gefühlen.
- Das Innere Kind meldet sich andererseits, wenn es einem so gut geht, dass die Psyche meint: »*Du kannst jetzt mal allmählich dafür sorgen, dass dein Inneres Kind geheilt wird!*«

Kurzum: Man kann sich dem Inneren Kind und der »Arbeit an sich selbst« kaum entziehen.

Spätestens in der so genannten Mitte des Lebens wird sich bei sehr vielen Menschen die Abwehr öffnen.

Das kann allmählich oder auch explosionsartig geschehen. Mitunter kann es zu einem allseits völlig überraschenden Ereignis werden: Zum Beispiel läuft ein bislang treuer Verwalter urplötzlich mit der anvertrauten Kasse davon oder eine bis dahin biedere Hausfrau brennt mit dem Postboten durch.

Das Unterbewusste will sich nämlich mitteilen. Es will anvertrauen, was für Verletzungen in früheren Zeiten gewesen sind, welche Mordswut in einem schlummern kann oder welche Ängste in ihm sind.

All das und noch viel mehr hat es zum Beispiel durch Träume schon immer auch ungefragt mitgeteilt. Nun sind Traumdeutungen nicht unbedingt jedermanns Sache. Da ist es nur von Nutzen, dass das Unterbewusste sich auch durch *Schreiben* ausdrücken will. Das hat viele Vorteile: Da hat man es Schwarz auf Weiß, bei Bedarf kann man es später auch wieder nachlesen. Und es kann auch durch Außenstehende – zum Beispiel durch eine Therapeutin oder einen Therapeuten – gedeutet werden: Ist das das Innere Kind? Oder hat sich die Abwehr gemeldet oder noch andere Teile der Psyche?

Der Ursprung von allem: Liebesmangel

Wir Menschen hängen alle durch eine Art generationsübergreifende Schicksalskette zusammen: Urahnen, Ahnen, unsere Eltern, wir Kinder – alle sind wir miteinander verbunden. Und wir *alle* haben sicherlich durchweg nicht genügend Liebe erhalten. Durch die Generationen hindurch wurde in mehr oder weniger starker Ausprägung ein Liebesmangel weitervererbt. Unsere Eltern damals konnten nicht mehr Liebe geben, als sie einmal selbst empfangen hatten. Und wir selber konnten das ja auch nicht – es sei denn, wir hätten uns weiterentwickelt.

Ich glaube, dass dieser Liebesmangel schon viel früher begonnen hat. Wenn »Gott« – wen auch immer wir damit bezeichnen mögen – als der Urquell der Liebe anzusehen ist, dann hat vor Urzeiten eine gewisse Abkehr von ihm stattgefunden. Denn zu allen Zeiten und in allen Kulturen der Menschheit wurden »Götter« verehrt, was offenbar Ausdruck einer uns innewohnenden Sehnsucht nach etwas Höherem, nach einer Transzendenz, ist. Zu dieser haben wir nur noch sehr begrenzt Zugang, und so ist diese Abkehr von »Gott«, dem Urquell der Liebe, der eigentliche Hintergrund des Liebesmangels – und damit auch der in den vorigen Ab-

33

schnitten beschriebenen Gefühlskaskade. So kann der Zusammenhang gesehen werden:

- Der Mensch hat sich von der Quelle der Liebe getrennt und ist seitdem in sich selbst zerrissen.
- Und so kann der Mensch auch nur solche Zerrissenheit an die Kinder weitergeben.
- Die so vererbte Zerrissenheit schlägt sich in Gewalt und Kriegen einerseits und in der Zerstörung der eigenen Umwelt andererseits nieder.

Die Arbeit mit dem Inneren Kind setzt auf der Stufe des Menschen an, denn »Gott« muss sich natürlich jeder Wissenschaft entziehen. Das bedeutet aber auch: Wenn das Innere Kind geheilt sein würde, können dennoch ähnliche Gefühle von Leere und Sinnlosigkeit auftreten. Denn dann muss eventuell die Verbindung zur Quelle der Liebe, zu »Gott«, noch geheilt werden.

Ich hatte beispielsweise mehrfach Klienten im Erstgespräch, bei denen ich keine psychischen Probleme feststellen konnte, denen es aber an Sinn im Leben mangelte. Die Klienten hatten also eine Form von Sinnlosigkeit, aber aufgrund einer anderen Ursache als ein verletztes Inneres Kind. Das ist ein Grund, weshalb in einem Buch über das Innere Kind diese Thematik der Liebesquelle angedeutet werden muss.

Es gibt noch einen weiteren Grund, warum wir uns mit dieser Thematik befassen müssen: Alle Kinder sind von Natur aus religiös. Und sie fragen noch unbefangen »*Wo ist Gott?*« – »*Wenn ich jetzt sterbe, was kommt dann?*«

Wir sollten darauf eine Antwort haben.

Auch unser Inneres Kind stellt solche Fragen. Darauf sollten wir ebenfalls antworten. Wie die Antwort des Erwachsenen ausfällt, das bleibt natürlich jedem selbst überlassen. Aber antworten sollten wir.

Mögliche Bedenken und Vorbehalte

»Sind die Eltern nun an allem schuld?«

Natürlich können die Eltern *als Ausrede* genutzt werden. Dann werden die Eltern als Sündenbock dargestellt. Mit anderen Worten: Die Abwehr spielt fleißig ihre Trümpfe aus! Denn das würde ja bedeuten, dass man alles so weitermachen kann wie bisher. Man hätte eine Art Universal-Joker.

Man könnte diese Haltung einnehmen und entsprechend handeln, aber mal ehrlich: Wäre damit etwas gewonnen?

Man kann auch zur *Verteidigung der Eltern* antreten. Denn Kinder sind immer loyal zu Eltern. In den meisten Fällen behagt es gar nicht, die Eltern so schlecht zu sehen – die eigenen Eltern! Typischerweise sagt man dann Sätze wie: *»Eigentlich war meine Kindheit doch gut!«*

Richtig! Aber nicht nur gut. Sonst würden Sie dieses Buch nicht lesen …

Ein Schwarz-Weiß-Denken, die Eltern nur schlecht oder nur gut zu sehen, passt mehr in eine bestimmte Altersstufe unserer Kindheit als in die differenzierte Welt der Erwachsenen. Man kann das besser abgestuft betrachten:

Erstens konnten die Eltern damals auch nicht mehr Liebe geben, als sie einmal selbst empfangen hatten.

Zum zweiten kann eine Verletzung auch an besonderen Umständen liegen, die einen selbst veranlasst haben könnten, den Weg über die Abwehr zu gehen. Die Umstände beziehungsweise wie wir das Geschehen interpretiert haben, sind wichtiger als die Tatsachen selbst.

Ein Beispiel: Ein Mädchen kam als Frühgeburt auf die Welt. Sie musste in einem Brutkasten liegen, und die Eltern hatten nur begrenzten Zutritt, wenn überhaupt. Früher war es ja fast unmöglich, Zugang zu einem Frühgeborenen zu haben. Die Folge war natürlich, dass das Frühgeborene nur einen großen Schmerz fühlte: *»Ich bin so allein!«*

Wenn die Eltern auch jeden Tag gekommen wären, sich alle Mühe gegeben hätten und alle nur erdenkliche Liebe – das hätte nicht eine dauernde Nähe zu den Eltern ersetzen können, obwohl das natürlich besser gewesen wäre als das dauernde Fehlen.

Das Frühgeborene war also objektiv nicht alleine, es deutete jedoch subjektiv das Leid als ein »Alleinsein« beziehungsweise »Alleingelassensein«. Und das wird aller Wahrscheinlichkeit nach die Kaskade mit der Abwehr in Gang gebracht haben. Es ist also nur von Bedeutung, wie wir damals ein Erlebnis empfunden hatten.

Also nicht das, was uns damals widerfahren war, ist das eigentliche Problem, sondern dass wir uns damit allein gelassen empfunden haben. Hätten wir doch nur das Gefühl gehabt, dass ein liebevoller Erwachsener dies alles mit uns durchstehen würde, dann wären wir stets irgendwie getröstet gewesen. Denn Kinder sind immer an den Erwachsenen orientiert!

Genau darin liegt die Chance für unser jetziges Ganzwerden: Wir können lernen, dass wir selbst zu dem liebenden Erwachsenen werden, der dem Kind damals gefehlt hat. Wir können selbst ein beträchtliches Stück unseres Heilerwerdens in die eigene Hand nehmen.

»Sind *wir* Eltern nun an allem schuld?«

Diese Frage ist in der Form eigentlich von abwehrender Natur. Man will sich mit solch einem Gedanken nicht anfreunden, auch wenn er durchaus schon im Unterbewusstsein nagt. Stattdessen weist man ihn weit von sich.

Aber es geht nicht um »Schuld«. Sofern nicht ein tatsächliches Vergehen vorliegt, ist »Schuld« lediglich ein moralisierender Begriff, der nicht weiterhilft. Es geht eher um »Verantwortlichkeit«. Eine Verantwortung haben wir als Eltern jedenfalls und dieser können wir uns nicht entziehen.

In den Seminaren höre ich oft eine weit einsichtigere Variante:

»Was haben wir alles bei unseren Kindern falsch gemacht!«

Solche erschreckten Ausrufe sind nicht selten. Dahinter steht natürlich eine große Betroffenheit. Wie kann man darauf antworten?

Einmal ist festzuhalten, dass »normale« Erziehungsfehler von Kindern durchaus ertragen werden können, ohne dass sie einen besonderen Schaden nehmen würden.

Und als Eltern machen wir alle in mehr oder weniger großem Umfang Fehler. Das ist auf den ersten Blick vielleicht kein großer Trost, aber es ist eine Tatsache. Die gilt es anzuerkennen.

Falls wir als Eltern in der Erziehung aber größere Fehler gemacht haben sollten, dann ist auch diese Tatsache anzuerkennen und sollte nicht verleugnet werden. Wir sollten stattdessen zu unseren Versäumnissen stehen. Und wir sollten uns gegebenenfalls durchaus auch bei unseren Kindern entschuldigen. Darin kann – im Gegensatz zu der bisherigen Abwehr – eine große Wirksamkeit für die Zukunft aller Beteiligten liegen.

Es muss gar kein besonderer, dramatischer Akt sein. Vielleicht genügen ein paar Sätze, vielleicht bedarf es auch mehrerer Gespräche – je nach Situation und nach dem Alter des Kindes. Prüfstein sollte dabei sein, dass man frei wird für eine gemeinsame Zukunft miteinander.

Letztlich ist das Beste, was Kinder an uns Eltern studieren können, dass wir dazulernen, uns weiterentwickeln und uns somit verändern! Das wird ein Anreiz für die Kinder, zu gegebener Zeit Ähnliches erlernen zu wollen!

»Muss ich denn von nun an alles tun, was das Innere Kind sagen wird? Ich muss ja auch noch was schaffen, im Leben funktionieren!«

Der Einwand scheint berechtigt. Denn es ist richtig: Hat man erst sein Inneres Kind entdeckt, lässt es einen nicht mehr los. Und wie Kinder halt so sind: Sie wollen *immer* und *alles* und das *sofort!* Kein Wunder, wenn das ein bisschen Angst macht.

Aber überlegen wir mal: Tun wir auch alles, was unsere realen Kinder von uns wollen? Erfüllen wir alle ihre Wünsche? Natürlich nicht, denn sonst würden sie den ganzen Tag Eis essen und vor dem Computer sitzen, bis sie quadratische Augen bekämen!

Genauso wenig wäre es sinnvoll, alle Wünsche des Inneren Kindes erfüllen zu wollen.

Wir sollten vielmehr abwägen, was ihm wirklich guttun würde. Und dann sollten wir mit ihm in einen liebevollen Dialog eintreten, in dem wir alles Weitere besprechen. Das ist das Entscheidende! Wie das gut gelingt, das erfahren Sie im Folgenden.

Und es ist auch nicht so, dass das Innere Kind unter allen Umständen sofort gehört werden müsste. Es ist wie bei realen Kindern auch: Wenn man wirklich keine Zeit für sie hat, dann müssen sie halt auch warten.

Zum Beispiel kann ich mich während meiner Arbeit in den seltensten Fällen einfach hinsetzen und einen privaten Dialog schreiben. So ist es durchaus legitim, dem Inneren Kind zu sagen, dass man

- es gehört und sein Gefühl mitbekommen hat,
- dass man es lieb hat
- und im Moment wirklich keine Zeit hat, aber ihm sich zu einem bestimmten Zeitpunkt widmen wird. Benennen Sie den Zeitpunkt konkret und halten Sie die Verabredung dann auch ein.

Mit ein bisschen Übung ist das Ganze in vielleicht 15 Sekunden erledigt, zum Beispiel: *»Hallo, liebes Inneres Kind, ich spüre, dass du traurig bist! Ich habe dich lieb! Ich muss nur gerade arbeiten, aber heute habe ich einen freien Abend, dann werde ich mit dir reden. Wie wäre das für dich?«*

Probieren Sie es aus: Es macht tatsächlich den entscheidenden Unterschied, dass wir auf das Innere Kind kurz eingehen und es nicht wie früher ignorieren. Wenn ein Ignorieren früher sozusagen vollautomatisiert abgelaufen ist, hat man damit im Klartext gesagt: *»Inneres Kind, halt die Klappe!«* Solch ein selbstschädigendes Verhalten sollte man nicht weiterführen.

»Das schaffe ich nie, mit der Angst in mir fertig zu werden!«

Diese Sorge ist verständlich und durchaus berechtigt – allerdings nur aus der Perspektive des Inneren Kindes. Der Erwachsene hingegen kann es gut schaffen, beispielsweise mit dieser Angst fertig zu werden. Das kann er lernen. – Das Innere Kind muss gar nichts schaffen können. Nicht umsonst hat das Innere Kind ja durch all die Jahrzehnte dieses Gefühl unter der Abwehr verborgen. Gerade weil es selber es damals nicht geschafft hatte, mit diesem Gefühl fertig zu werden.

Nur aus der damaligen Perspektive haben diese Sorgen noch ihren Platz. Jetzt ist aber eine andere Ära angebrochen, in der der Erwachsene Verantwortung für das Innere Kind übernimmt.

»Wenn ich erst mal anfangen würde zu weinen, könnte ich vielleicht nie wieder aufhören!«

Diesen Vorbehalt höre ich öfter. Und es ist auch durchaus möglich, dass die Begegnung mit dem Inneren Kind zu Tränen führen kann! Denn wenn wir beispielsweise annehmen: Ein Kind von vielleicht drei Jahren spielt alleine vor sich hin und tut sich dabei ein bisschen weh. Es weint und klagt ein wenig, aber wenn gerade kein Erwachsener in der Nähe ist, was wird es dann tun? – Es wird erst einmal aufhören zu klagen und weiterspielen. Nach einer Weile kommt die Mutter.

Preisfrage: Was wird das Kind tun? Es wird höchstwahrscheinlich wieder anfangen zu weinen. Denn nun ist endlich ein Erwachsener da, dem man sein Leid klagen kann!

Und genauso ist das mit dem Inneren Kind: Wenn nach so vielen Jahren oder Jahrzehnten der Erwachsene nun endlich da ist und zuhört, kann es sein, dass das Innere Kind sein ganzes aufgestautes Leid erst einmal klagen muss. Aber eines ist sicher: Das wird im Laufe der Zeit weniger werden. Wenn es überhaupt auftreten sollte; oftmals hat man vor etwas Sorge, das bei näherem Betrachten doch vielleicht nicht so eintritt.

»Muss ich mich denn nun an alles erinnern und in jedem Gefühl quasi herumwühlen?«

Keineswegs bedeutet die Arbeit mit dem Inneren Kind, dass man alles aufgraben muss. Es ist nicht sinnvoll, sich etwa krampfhaft an irgendwelche Begebenheiten aus der Kindheit erinnern zu wollen. Vielleicht kann man sich vor einem bestimmten Alter auch gar nicht erinnern. Das alles würde dann vielmehr vom Verstand ausgehen und ist somit eher Abwehr.

Vielmehr gilt: locker bleiben! Die Erinnerungen sowie die Gefühle kommen von selber, in aller Regel portionsweise, so dass man es gut verkraften kann. Wir sollten lediglich als Erwachsene mit unserer liebevollen Aufmerksamkeit da sein.

Zudem hat auch das Innere Kind der Vergangenheit

keineswegs ständig Probleme. Es sind in ihm ja auch schöne Erinnerungen aufgezeichnet.

Man kann den Dialog mit dem Inneren Kind mit dem Verhalten eines kleinen Kindes am Strand vergleichen: Mal nimmt es diese Muschel auf, mal jenes Steinchen, ohne erkennbares System. So greift das Innere Kind mal nach dieser Erinnerung, mal nach jener. Und dann wieder geht es vielleicht zur ersten Erinnerung zurück. Das ist vollkommen in Ordnung.

Die Folgen der Abwehr

Wenn die Abwehr aktiv ist, kommen wir an das Innere Kind nicht heran. So kann es sein, dass wir zum Beispiel auf ein Schreiben an unser Inneres Kind überhaupt keine Antwort bekommen, weil die Abwehr es nicht zulässt. Ich sehe die Abwehr als eine innerpsychische Einrichtung, die das clevere Innere Kind entdeckt hat und seitdem laufend anwendet. So kann es auch sein, dass das Innere Kind elegant klingende Entgegnungen von sich gibt, und man merkt vielleicht erst nach einiger Zeit, dass man dem Innere Kind, das die Abwehr entdeckt hat, auf den Leim gegangen ist. Die Abwehr kann durchaus redegewandt sein – und vielleicht hält sie einem nur einen Köder hin. Übrigens macht es in der Praxis nach meiner Erfahrung keinen Unterschied, ob man in seinen Briefen die Abwehr oder das Innere Kind, das die Abwehr entdeckte, anredet.

Die Abwehr will immer vermeiden, das ist ihre Aufgabe. Sie will vermeiden, dass wir dem alten Schmerz und den damit verbundenen Gefühlen begegnen können. Sie will auf diese Weise das verletzte Kind schützen. Und dazu ist ihr jedes Mittel recht.

Beispielsweise hat eine Frau gerade einen Heißhunger auf Schokolade. *»Mmmh, ist das wieder lecker!«*

Und sie kann sich danach auch vielleicht besser fühlen. Aber wenn diese Frau das regelmäßig macht, und vor allem, wenn sie das vielleicht stets nach mehr oder weniger großem Frust zu machen pflegt, dann könnte es Abwehr sein. Vielleicht soll damit ein uralter Schmerz überdeckt werden – sozusagen automatisch, gewohnheitsmäßig.

Oder ein Mann ist beispielsweise erregt und steigt mit der Liebsten geradewegs ins Bett. Da geht es dann vielleicht hoch her und er fühlt sich geradezu prächtig. Aber vielleicht sollen damit Verlassenheitsgefühle überdeckt werden, die sonst hochgekommen wären? Vielleicht ahnt dieser Mann das gerade in dem Moment, wenn es am Schönsten ist. Und dann könnte es sein, dass er sich mitten im herrlichsten Sex plötzlich allein und verlassen fühlt! Das wirkt wie eine kalte Dusche!

Diese beiden Beispiele zeigen: Es kann sich durchaus gut anfühlen, wenn fühlbare Bedürfnisse gestillt werden, aber es kann sein, dass dies meinem Inneren Kind gar nicht hilft. Oftmals wird es nur wütend, weil seine eigentlichen Bedürfnisse nicht erkannt wurden und deshalb auch nicht gestillt werden konnten.

Im vorigen Beispiel: Was soll ein Kind mit Sex anfangen? Besonders Männer merken oft nicht das darunterliegende Bedürfnis wie nach Nur-ankuscheln-Wollen. Sie haben stattdessen Sex. Und verstärken sogar die Abwehr und machen so das heutige, das gegenwärtige Problem noch größer. Denn die innere Zerrissenheit ist wieder ein Stückchen größer geworden, und das Gefühl dazu muss wiederum abgewehrt werden. Ein Teufelskreis.

So sollte man es zu einer guten Angewohnheit machen, immer wenn Wünsche in einem auftauchen, innezuhalten und erst einmal nachzufühlen: Wollen da eventuell tiefere Gefühle hochkommen? Die sollte man zunächst registrieren! Und dann kann man immer noch Schokolade essen oder Sex haben ...

Wenn man sieht, wie unsere Welt immer tönender, immer hektischer und immer lauter wird, kann man durchaus befürchten, dass die Abwehr der einzelnen Menschen in gigantischen Ausmaßen immer mehr zunimmt.

Und angelehnt an die Psychoanalytikerin Alice Miller gilt die Feststellung: Aufgrund der Abwehr behandeln wir uns selbst heutzutage so, wie wir damals als Kind behandelt wurden.

Weil das so ist, befassen wir uns nun ausführlich mit der Abwehr.

Abwehr im Erwachsenenalter

Es gibt fast nichts in unserem Leben, was die Abwehr nicht gut gebrauchen könnte, um ihre Aufgabe zu erfüllen. Deshalb ist es mitunter gar nicht so einfach festzustellen, wo normaler Gebrauch anfängt und wo wir schon der Abwehr erlegen sind und unser Leben darauf verwenden, sie weiter zu zementieren. Beispielsweise kann »sich zurückziehen« Meditation, Gebet, Selbstbesinnen sein – oder aber eine Art Verkriechen vor Problemen.

Es gibt demnach auch unendlich viele »Abwehrmechanismen« (diesen Begriff hat Sigmund Freud hierfür geprägt). Die folgende Aufzählung zeigt eine Auswahl dessen, was man darunter verstehen kann. Die Unterteilungen und Zuordnungen sind willkürlich gewählt und sollen lediglich der Orientierung dienen.

Dabei ist zu bedenken: Die Abwehr ist unterbewusst! Eigentlich kann man gar nicht wissen, welche Abwehrmechanismen man selber hat. Dass man sich dennoch überhaupt mit der Abwehr beschäftigen kann, verdankt man dem Umstand, dass sie sich mitteilen will. Wenn man erst einmal auf dem Weg zu sich selbst ist, wird man immer mehr Einzelheiten über sich, die Abwehr und die darunterliegenden Gefühle erfahren.

Abwehr durch Denken

- Denken statt Fühlen
- Denken, statt den Körper zu »bewohnen«
- Lesen
- sich in Traumwelten verlieren, zum Beispiel in Liebesromane
- Idealisieren von Personen oder Situationen
- Ideologien anhängen, zum Beispiel ideologisch gelebten Religionen bis hin zu Fanatismus

- Vergessen, Verdrängen, Rationalisieren, zum Beispiel durch verharmlosendes Erklären wie »Ach, er ist halt müde!«
- Vielreden, auch »Telefonitis«
- Spaltung; für die Psyche »gefährlich« Erscheinendes wird auf mehrere Personen oder Ziele verteilt (beispielsweise hilft sich ein von der Mutter misshandeltes Kleinkind damit, dass es eine »gute Mutter« und eine »böse Mutter« auf zwei Personen aufteilt)

Abwehr durch Ablenken, Flüchten

- Müdigkeit
- sich zurückziehen
- ständig Witze reißen
- ständig Sport treiben, einem Hobby nachgehen, vor dem PC oder Fernseher sitzen (Leben aus zweiter Hand erfahren)
- Konzentration auf den Hausbau
- Konzentration auf die Kinder
- psychosomatische Krankheiten
- seelische Symptome, zum Beispiel Zwänge
- Schuldgefühle (es gibt kaum etwas Sinnloseres als Schuldgefühle; da kann man sich ein Leben lang grämen und sich damit die ganze Lebenszeit vertreiben)
- Unruhe, Hektik, das Gefühl, »was tun zu müssen«

Abwehr durch gefühlsmäßiges Ablenken

Hierbei wird statt eines zutreffenden Gefühls ein anderes gezeigt, zum Beispiel:

- Es wird gejammert, statt effektive Wut auszudrücken, die eine Veränderung der Situation bringen könnte.
- Besonders problematisch ist, wenn Gefühle ins Gegenteil entstellt werden, wenn zum Beispiel Mitleid und daraus resultierende Überfürsorglichkeit statt Aggressionen gezeigt werden.
- Gewohnheitsmäßig (wie Eric Berne es nennt, als Gefühlsmasche) wütend oder rebellisch sein oder Angst haben usw. – zur Vermeidung des Schmerzes.
- Gefühle sind zunächst nicht auf bestimmte Menschen oder Situationen gerichtet, sondern eher allgemeiner Natur, frei flottierend. Sie können sich aber dann – mitunter urplötzlich – auf irgendjemanden als frei gewählte Zielscheibe richten.
- Ein Gefühl wird nicht auf die Person gelenkt, zu der es gehört, sondern auf jemand oder etwas anderes; beispielsweise schikaniert der Chef den Angestellten, dieser triezt zuhause seine Frau und sie wiederum lässt ihren Ärger am Kind aus.

Abwehr durch Süchte

- ohne Substanzen: Spielsucht, Arbeitssucht, Sex-, Porno- oder auch Romanzensucht, Sucht nach Macht, Religionssucht, Sucht zu Helfen, Co-Abhängigkeit, Handysucht, Internetsucht, Kaufsucht
- mit Substanzen: Sucht nach Zigaretten, Alkohol, Drogen, Essen, Naschen

Abwehr durch (innere) Haltungen

- Perfektionismus
- immer sehr bemüht sein
- Stärke zeigen (cool sein)
- anderen gefallen wollen
- passiv-aggressives Verhalten: Aggressionen werden nicht aktiv, sondern passiv herausgelassen; beispielsweise (unbewusst) durch Langsamkeit, ständiges Zuspätkommen, wodurch andere aggressiv werden, häufig das Gleiche vergessen, »aus Versehen« etwas beschädigen. Der Vorteil liegt auf der Hand: Es kann der betreffenden Person nichts nachgewiesen werden, weil sie ja nicht aktiv aggressiv ist.
- Gegenangriffe, alle Probleme nur beim anderen sehen. Das bedeutet in der Regel eine Projektion: Ich projiziere das, was eigentlich in mir selbst ist, auf den anderen.
- Sich einen Partner suchen, der kurz vor mir eine »Bremse« hat. Das bedeutet: Niemand hat einen

Partner, der völlig übereinstimmt mit den eigenen Wünschen, Bedürfnissen, Zielen. Beispielsweise hat Susanne einen bestimmten Wunsch nach Nähe. Dieser Wunsch wird von ihrem Partner Hans jedoch nicht so ganz erfüllt, weil dieser gewissermaßen eine Bremse *vor* dem Punkt hat, den sich Susanne aber wünschen würde. Das ist insoweit ganz normal.

Aber wenn folgendes Szenario geschieht, dass Susanne immer ein unerfülltes Restbedürfnis hat und insofern immer Hans gegenüber behauptet *»Wenn du nicht so viel Angst vor Nähe hättest, dann würde ich ja glücklich sein«*, dann ist das natürlich Abwehr, nämlich vor der eigenen Angst vor Nähe.

Denn Folgendes kann auch passieren: Hans entwickelt sich weiter und kann dann tatsächlich mehr Nähe zulassen. Und da kommt plötzlich Susanne an ihre eigene Bremse, die sie vorher nicht einmal bemerken musste.

- Erst in der Zukunft alles Gute erwarten: *»Wenn erst mal ..., dann ...«*. Eric Berne nannte das in seiner herausfordernden Art »Warten auf den Weihnachtsmann«.

- Das eigene Leid an andere weitergeben.

Beispiel: Ein Erwachsener, der aus seiner Kindheit großen Schmerz mit sich herumträgt oder aber immer wieder mit Selbstmordgedanken spielt, kann diesen Schmerz beziehungsweise die Selbstmordneigung – natürlich unterbewusst – an ein Kind weitergeben. Kinder sind nämlich derart sensibel, dass sie Gefühle jeder Art von den Erwachsenen auffangen und dann unter Umständen an deren Stelle ausleben.

Das sind oft auch die Ursachen für so genannte schwarze Schafe in Familien.

Ein anderes, leider gar nicht seltenes Beispiel: Ein als Kind Misshandelter misshandelt später seine eigenen Kinder. Das geschieht oft deshalb, weil der Betreffende sich in seiner eigenen Kindheit das Fühlen gänzlich hatte »abgewöhnen« müssen (eine so genannte Abspaltung) und so kein Empfinden mehr für das Leiden anderer hat.

Teil 2:
Wie wir unsere natürliche Einheit wiederfinden können

Schritt für Schritt werden wir nun lernen, wie wir uns mehr und mehr von Vergangenem lösen können, um so immer präsenter zu werden und immer mehr in die Gegenwart zu kommen. Dazu ist es nötig, die Übungen in der angegebenen Reihenfolge zu machen.

Das Erste, was wir uns aneignen müssen, ist die Voraussetzung für alles Weitere: Wir beginnen mit den Übungen zur Stärkung des Erwachsenen. Danach folgen Übungen für das angeleitete Schreiben an das Innere Kind, anschließend Hinweise für den heilsamen Umgang mit dem Inneren Kind und schließlich Ihre Vorbereitung für das freie Schreiben mit Ihrem Inneren Kind.

Übungen zur Stärkung des Erwachsenen

Der Erwachsene muss stark genug sein, mit den abgewehrten Gefühlen des Inneren Kindes umgehen zu können. Denn es ist oftmals weniger das Problem, dass das Innere Kind sich nicht melden würde, als vielmehr, dass dann nur recht wenig von eihem Erwachsenen zu sehen ist.

Den erwachsenen Teil in mir zu stärken, dafür sind die folgenden Übungen gedacht. Dabei ist es unerlässlich, dass man sich diese Übungen mehr und mehr zu eigen macht, bis sie praktisch automatisch ablaufen. Denn manchmal wirkt die eine Übung gut und zu einem anderen Zeitpunkt hilft eine andere besser. Wenn man also viele solcher Übungen hat, dann hat man eine Art Werkzeugkasten mit vielen Hilfsmitteln zur Verfügung. Da kann man jeweils das genau Passende finden.

Bedenken Sie bitte: Vielleicht waren auch Sie insofern verwöhnt, als sich oft der Deckel der Abwehr gnädig von selbst vor dem Bewusstsein verschlossen hatte. Die Abwehr machte diese Arbeit automatisch. Deshalb könnte man fälschlicherweise meinen, problematische Gefühle müssten immer irgendwie von selber verschwinden.

Vielleicht klappt das ja auch jahrzehntelang mehr oder weniger. Aber meist ist irgendwann Schluss damit: Die Psyche weigert sich schlichtweg, weiterhin Probleme unter dem Deckel zu halten. Ja, sogar bereits gedeckelte Gefühle kochen gewissermaßen hoch und dann auch meist über. Das ist wie gesagt oft in der Mitte des Lebens der Fall. Denn die Abwehr ist zwar eine sinnvolle Maßnahme, aber nur eine für den Notfall gedachte Erste Hilfe. Und wenn sie andauert, dann wehrt sich unsere Psyche schließlich dagegen. Es bricht die Zeit an, in der man etwas dafür tun muss, dass problematische Gefühle sich auflösen können. Man muss die Verantwortung für sein Inneres Kind übernehmen.

Übung: Der »Sichere Innere Ort«

Hier geht es darum, sich einen Ort vorzustellen, an dem man sich wirklich sicher und geborgen fühlt. Diese Übung ist besonders durch die Traumatherapie von Luise Reddemann bekannt geworden. Auf meiner Webseite www.beziehungsheilung.de können Sie eine von mir gesprochene Anleitung hören und sich auch herunterladen als MP3-Datei. Gehen Sie dazu auf LOGIN und geben Sie dann als Passwort ein: SIO.

Auf derselben Seite ist auch eine Konzentrationsübung zu finden, die Sie bei Bedarf vorher machen können. Sie besteht aus einer Atemübung und einem

Einfühlen in den Körper. Diese Übung ist verzichtbar, wenn Sie schon vergleichbare Übungen kennen zum Beispiel aus dem Yoga, dem Autogenen Training oder der Progressiven Muskelentspannung.

Dieser Sichere Ort kann in Wirklichkeit existieren; es kann zum Beispiel eine schöne Waldlichtung sein, die Sie gut kennen. Der Ort kann aber auch ausgedacht sein; manche Menschen fühlen sich beispielsweise nur auf einem anderen Planeten wirklich sicher. Der Sichere Ort kann auch teils real, teils ausgedacht sein, vielleicht auch eine Art Kraftplatz darstellen – das liegt ganz bei Ihnen. Die Hauptsache ist, dass Sie sich dort sicher und geborgen fühlen können.

Wichtig: An diesem Ort soll man *nicht* zusammen mit anderen Menschen sein, die man kennt. Denn möglicherweise ist man sich noch nicht im Klaren über eventuell bestehende Abhängigkeiten von diesen Personen, insbesondere vom eigenen Partner. Und sofern Sie daran denken, dass ein Kind oder Kinder dabei sein sollen: Von Kindern sollte man *niemals* Sicherheit schöpfen. Denn die Erwachsenen müssen Kindern Sicherheit geben, keinesfalls umgekehrt!

Dagegen können an Ihrem Sicheren Inneren Ort gerne – wenn Sie mögen – auch Schutzengel, Gott, Krafttiere, hilfreiche Wesen aus Märchen und Ähnliches mit dabei sein.

- Begeben Sie sich für diese Übung in Ihrer Vorstellung an diesen Sicheren Inneren Ort. Aktivieren Sie dabei alle fünf Sinne.

- Zuerst richten Sie Ihre Aufmerksamkeit auf alles, *was es dort zu sehen gibt*. Zum Beispiel: Gibt es dort Menschen oder Tiere? Ist es in einem geschlossenen Raum oder im Freien? Gibt es Berge, Wasser oder Gebäude? – Nehmen Sie alles ausgiebig in sich auf.

- Achten Sie als nächstes darauf, *was es alles zu hören gibt*. Meeresrauschen, Wind in den Bäumen, Stimmen von Menschen, Laute von Tieren – je nachdem.

- Vielleicht gibt es auch *etwas zu riechen oder zu schmecken* an dem Ort, wo Sie sich sicher und geborgen fühlen? Vielleicht der Duft von frischem Heu, vielleicht klares Quellwasser?

- Als nächstes gilt es wahrzunehmen, was sich *sonst noch an Körpergefühlen einstellt*. Können Sie vielleicht den Wind auf der Haut spüren oder die Wärme der Sonne auf Ihrem Gesicht? Wie geht es Ihren Muskeln, wie ist Ihre Atmung?

- Nehmen Sie das alles bitte so genau wie möglich auf.

- Spüren Sie als Letztes besonders *dieses Gefühl der Sicherheit und Geborgenheit*. Vielleicht können Sie dieses Gefühl im Körper lokalisieren, sich darin »baden« und es auskosten.

- Schließlich sollten Sie *Ihrem Inneren Kind diesen Ort zeigen*. Wenn Sie sich das Innere Kind vorstellen können – nicht jeder kann das –, dann fassen sie es an der Hand, führen Sie es überall herum und zeigen Sie ihm alles, was Sie gerade erlebt haben. Und dann lassen Sie es bitte auch besonders die Sicherheit und Geborgenheit spüren. Mit etwas Übung kann man durchaus beide Rollen nacheinander fühlen: den Erwachsenen und das Innere Kind.

- Wenn Sie Ihrem Inneren Kind alles gezeigt haben, dann lassen Sie es ein kleines Souvenir oder Andenken mitnehmen, das es an diesen Sicheren Inneren Ort erinnern wird. Vielleicht eine Feder, ein Steinchen, ein Blatt von einem Baum? Ein solches Souvenir bewirkt eine so genannte klassische Konditionierung. Das bedeutet, dass im Laufe der Zeit dieser Gegenstand mit dem Gefühl der Sicherheit und Geborgenheit verbunden wird.

- Schließlich sollte man sich und dem Inneren Kind sagen, dass man bei Bedarf jederzeit wieder an den Sicheren Inneren Ort zurückkehren kann.

- Beschaffen Sie das Souvenir und tragen Sie es entweder als Erinnerung bei sich oder stellen Sie es an einen Platz, wo Sie es öfters am Tage sehen. Vielleicht können Sie erst nach einigen Durchgängen ein passendes Souvenir finden. Das macht nichts, haben Sie nur Geduld mit sich.

Je häufiger man diese Übung anwendet, desto schneller wird es gelingen, in dieses Gefühl der Sicherheit und Geborgenheit zu gelangen. Im Idealfall können wenige Sekunden dazu genügen. Mit dieser Übung kann man sehr gut dem Inneren Kind Schutz und Geborgenheit zukommen lassen. Vielleicht wollen Sie die Übung in der ersten Zeit, wenn Sie beginnen, mit Ihrem Inneren Kind in Dialog zu treten, abends vor dem Schlafengehen machen? Ein Gefühl der Sicherheit und Geborgenheit wird da gewiss willkommen sein.

Übung: Der »Moment of Excellence«

Die folgende Übung stammt aus der Tradition des Neurolinguistischen Programmierens (NLP). Meine gesprochene Anleitung zu dieser Übung können Sie ebenfalls von meiner Webseite www.beziehungsheilung.de als MP3-Datei herunterladen. Login-Passwort ist: MOX.

Diese Imagination ist von der Vorhergehensweise ähnlich wie bei dem zuvor beschriebenen Aufsuchen des Sicheren Inneren Ortes. Doch hier geht es um einen *realen* Moment oder ein *reales* Ereignis, in dem Sie sich als Erwachsener recht stark oder lebendig, kraftvoll, präsent fühlten. So ein »Moment of Excellence«, den Sie intensiv erinnern möchten, kann zum Beispiel das Gefühl nach einer bestandenen Prüfung sein oder nach einer bewältigten Fahrradtour oder das Glücksgefühl nach der Geburt Ihres Kindes. Überlegen Sie sich in Ruhe, an welchen herausragend positiven Moment Sie sich erinnern möchten.

Das Innere Kind wird bei dieser Übung nicht mitgenommen. Vorzugsweise können Sie diese Übung am Tagesanfang machen, um dann lebendig und kraftvoll in den Tag zu gehen.

- Erinnern Sie sich in Ihrer Vorstellung an Ihren real erlebten »Moment of Excellence«. Aktivieren Sie dabei alle fünf Sinne.

- Richten Sie nacheinander Ihre Aufmerksamkeit auf alles, *was es in diesem Moment zu sehen gibt, was es zu hören gibt, was zu riechen oder zu schmecken ist und auf alles, was sich sonst noch an Körpergefühlen einstellt.*

- Nehmen Sie das alles bitte so genau wie möglich auf.

- Spüren Sie als Letztes besonders *dieses Gefühl von Kraft, Stärke, Glück.* Vielleicht können Sie dieses Gefühl im Körper lokalisieren, sich darin »baden« und es auskosten.

- Überlegen Sie sich wieder ein Souvenir und beschaffen Sie es sich. Tragen Sie es entweder als Erinnerung bei sich oder stellen Sie es an einen Platz, wo Sie es öfters am Tage sehen, damit es Sie immer wieder an das Gefühl der Kraft und Stärke erinnert.

- Sie können während der Erinnerung an diesen besonderen Moment sich auch eine Geste überlegen, die Sie als Zeichen für dieses Kraftgefühl setzen: beide Arme hoch in die Luft strecken, die Faust einmal kräftig ballen, die Hände zusammenklatschen – was auch immer Ihnen passend erscheint. Diese Geste können Sie dann immer wieder machen, wenn Ihnen danach ist, sich mit diesem Kraftgefühl wieder zu verbinden.

Übung: Liebe hinschicken

Diese Übung ist sehr effektiv für die Stärkung von Erwachsenen, denn sie stellt sozusagen die Praxis von Selbstliebe vor.

- Machen Sie diese Übung, wenn Sie allein sind und keine Zuhörer in der Nähe sind. Fühlen Sie sich dann in sich selber ein und beobachten Sie, was in diesem Augenblick als Gefühl oder als Gedanke in Ihnen ist.
- Dann sagen Sie, am besten laut: *»Hallo ... (benennen Sie das Gefühl oder den Gedanken), ich schicke dir Liebe!«*
- Kurze Pause.
- Wenn wieder ein neues Gefühl oder ein neuer Gedanke auftaucht, dann schicken Sie erneut Liebe dorthin.

Wenn man das einige Minuten lang gemacht hat mit *allem*, was neu an Gefühlen und Gedanken auftaucht, kann diese Übung geradezu Wunder wirken! Denn auf diese Weise lernt man unmittelbar, was es heißt, sich selbst zu lieben. Und zwar mit *allem*, was in mir ist.

Ein Beispiel:
Ich fühle mich gerade schlecht. Dann kann ich sagen: *»Hallo schlechtes Gefühl, ich schicke dir Liebe!«*
    Danach mache ich eine Pause.

Es steigt in mir ein Gedanke auf: »Das ist doch Quatsch mit dieser Übung!« Dann sage ich: »*Gedanke, dass das Quatsch ist mit dieser Übung, ich schicke dir Liebe!*«

In der kleinen Pause kommt ein neues Gefühl in mir hoch, nämlich Schmerz: »*Hallo Schmerz, ich schicke dir Liebe!*«

Und so können Sie die Übung mehrere Minuten lang fortführen.

Diese Übung hat Werner Ablass in seinem Buch *Leide nicht – liebe* beschrieben. Ich empfehle Ihnen die Lektüre dieses Buches sehr, da es Sie gewissermaßen in eine Atmosphäre der Liebe zu sich selbst hineinbringen kann.

Verschiedene Atemübungen

In vielen Situationen sind Atemübungen hilfreich; sie können uns beruhigen und stärken. Hier stelle ich Ihnen vier vor, die Sie sich leicht aneignen und die Sie nahezu überall ausführen können.

1. Atmen durch den geöffneten Mund

So haben Sie einen geringen Luftwiderstand und die Gefühle fließen besser. Machen Sie keine Pausen beim Aus- und Einatmen, sondern atmen Sie langsam, aber stetig. Wenn Sie zu schnell atmen, kann es passieren, dass Ihnen schwindlig wird beziehungsweise dass Sie hyperventilieren. Atmen Sie dann einfach wieder langsamer.

Um besser in der Gegenwart bleiben zu können, sollten Sie irgendetwas im Raum bewusst betrachten.

2. Atmen durch den geöffneten Mund mit Tappen

Durch diese Übung sollen beide Gehirnhälften angesprochen werden, um eine Integration beider zu bewirken. Der Begriff »Tappen« kommt von Englisch »to tap«, übersetzt: »abklopfen«.

- Atmen Sie wie eben beschrieben mit offenem Mund. Verschränken Sie dabei die Arme und klopfen Sie ein- bis zweimal pro Sekunde abwechselnd auf Ihre Oberarme. Oder legen Sie Ihre Arme gerade auf Ihre Oberschenkel und klopfen Sie ein- bis zweimal pro Sekunde abwechselnd darauf.

3. Atmen durch den geöffneten Mund mit Tappen und Sonne

Diese Übung habe ich bei dem Psychologen Martin Siems kennen gelernt; sie ist – wie sein Buch *Souling* – sehr zu empfehlen.

■ Atmen Sie wie eben beschrieben mit offenem Mund und klopfen Sie dabei ein- bis zweimal pro Sekunde auf Ihre Oberarme oder Oberschenkel. Sagen Sie außerdem zu sich selbst etwa alle 4 Sekunden das Wort *»Sonne!«* oder stellen Sie sich die Sonne vor.

4. Tonglen-Atmen

»Tongelen« bedeutet im Tibetischen »aussenden und aufnehmen«. Dies ist eine Methode zur Entwicklung von liebender Güte und Mitgefühl.

■ Stellen Sie sich vor, wie Sie das Innere Kind auf Ihre Brust legen. Beim *Einatmen* atmen Sie dann sein problematisches Gefühl mit ein und nehmen es zu sich. Dann verwandeln Sie es in Ihrem Herzen zu Liebe, und bei Ihrem *Ausatmen* atmen Sie die Liebe wieder zum Inneren Kind hin. Mit etwas Übung können Sie durchaus beide Rollen, den Erwachsenen und das Innere Kind, nacheinander fühlen.

Diese Übung kann auch mit der Übung »Der Sichere Innere Ort« (siehe Seite **57**) kombiniert werden: Man begibt sich in der Vorstellung an den Sicheren Inneren Ort und macht dann die Übung »Tonglen-Atmen« mit dem Inneren Kind.

Streicheln der Amygdalae

Diese Übung zur Stärkung von Erwachsenen zielt auf einen Teil unseres Limbischen Systems, das unter anderem für unsere Emotionen zuständig ist. Die beiden Amygdalae verarbeiten Sinnesreize von außen und beurteilen, ob ein Sinnesreiz gefährlich oder ungefährlich ist. Diese Vorsortierung der Impulse ist überlebensnotwendig. Denn bei Gefahr schalten die beiden Amygdalae umgehend auf die drei Grundreaktionsmuster Angriff, Flucht oder Starre. Droht dagegen keine Gefahr, werden die Sinnesreize an weiterführende Hirnregionen übergeben.

Aber auch Impulse von innen werden auf diese Weise verarbeitet – und also auch die Gefühle vom Inneren Kind. Bei problematischen Gefühlen aus unserer Vergangenheit schalten die Amygdalae natürlich meist auf »*Gefahr!*«. Dabei stellen Gefühle zu damals realen Gefahrensituationen des Kindes ja heute definitiv keine Bedrohung mehr für den Erwachsenen dar. Aber darum scheren sich die beiden Amygdalae nicht.

67

Will man dieses überflüssige und für den betreffenden Erwachsenen anstrengende Umschalten auf »*Gefahr!*« beeinflussen, dann hilft eine relativ einfache Übung. Sie wurde von dem amerikanischen Pädagogen und Musiker Neil Slade entwickelt und ist überaus wirkungsvoll. Probieren Sie sie aus:

- Bei dieser Übung setzen wir wiederum unsere Vorstellungskraft ein: Stellen Sie sich vor, wo sich Ihre Amygdalae befinden: jeweils 2,5 Zentimeter neben den beiden Schläfen in Richtung Kopfmitte. Die Frontallappen befinden sich hinter der Stirn.
- Stellen Sie sich weiter vor, wie Sie mit je einer Feder sanft Ihre beiden Amygdalae und auch Ihre Frontallappen *von vorne* streicheln.
- Jetzt schalten die Amygdalae um auf »*keine Gefahr!*«.
- Seien Sie bitte geduldig mit sich: Man muss diese Übung mehrere Minuten lang machen, bevor sie wirkt.

Angeleitete Schreibübungen

Durch Schreiben, durch eine gute Korrespondenz mit Ihrem Inneren Kind, können Sie wieder in Einklang mit sich selbst kommen. Auf den nächsten Seiten werden Sie damit beginnen – zunächst mit angeleiteten Schreibübungen. Bitte üben Sie in der angegebenen Reihenfolge.

Besorgen Sie sich dafür eine große Kladde, ein fest gebundenes Notizbuch. Gehen Sie bitte in einen Laden, der etwas Auswahl bietet, und lassen Sie Ihr Inneres Kind die Kladde aussuchen. Denn es soll ja das Buch für die Korrespondenz mit dem Inneren Kind werden. Falls Sie keine Kladde finden, die dem Inneren Kind wirklich gut gefällt, können Sie auch selbst eine gestalten, beispielsweise ein Notizbuch mit Bildern bekleben oder anmalen.

Übung: Meine Abwehr

Zuerst machen wir eine Bestandsaufnahme machen und legen dafür zwei Listen in unserer Kladde an.

1. Liste: Was hatte ich damals als Kind für Abwehrmechanismen?

Lassen Sie Ihre Erinnerungen schweifen und rufen Sie sich ins Gedächtnis, wie es damals war. Sie können auch einige Kinderfotos von sich aufstellen, die jeweils in einer für Sie typischen Zeit oder Situation aufgenommen wurden. Notieren Sie abwehrendes Verhalten, das Ihnen im Rückblick an Ihnen auffällt.

2. Liste: Welche Abwehrmechanismen habe ich heute?

Diese Liste zielt auf die Gegenwart. Überlegen Sie bitte wieder anhand der Beispiele ab Seite 48, welche Abwehrmechanismen Sie jetzt als Erwachsener in Anspruch nehmen.

Die beiden Listen brauchen nicht in dieser Reihenfolge bearbeitet zu werden, sondern so, wie Ihnen gerade Gedanken dazu kommen. Der Zeitbedarf für die Erstellung beider Listen beträgt etwa eine Viertelstunde.

Ein Zwischenziel

Wenn Sie später in Versuchung sind, dass Sie einen der Abwehrmechanismen von Ihrer Liste gebrauchen, dann sollte in Ihnen ein Warnlämpchen aufleuchten. Denn Sie unterdrücken dann Gefühle.

Stattdessen sollten Sie sich fragen: *»Welche Gefühle wollen hochkommen?«*

Allein schon diese Frage ist wichtig, denn dadurch trainieren Sie, hinter die Abwehr zu fühlen.

Sie können danach dennoch dem betreffenden Abwehrmechanismus folgen. Dann machen Sie das immerhin *bewusst*, nicht mehr unterbewusst und somit nicht mehr automatisch. Das allein ist schon ein Gewinn.

Übung: Brief an die Abwehr

Nun können Sie sich daranmachen, einen Brief an die Abwehr vorzubereiten. Dazu fertigen Sie zuerst eine Stoffsammlung an zu dem Thema:

Wovor hat mich damals als Kind meine Abwehr bewahrt?

Rufen Sie sich dazu Ihre Situation von damals in Erinnerung und fragen Sie sich: *Was wäre gewesen, wenn ich die Abwehr nicht gehabt hätte?*

Dabei genügt es, wenn Sie die Abwehr in ihrer Gesamtheit vor Augen haben. Sie brauchen nicht in Details zu gehen und es ist auch nicht notwendig, die einzelnen Abwehrmechanismen aus der Kindheit durchzugehen. Lassen Sie Ihrer Vorstellungskraft freien Lauf. Viele Antworten können Sie natürlich nur intuitiv geben. Genau das ist gefragt!

Beispiele:
»Als Kind habe ich mich in meinen oft angetrunkenen Vater einfühlen müssen, wie er gerade drauf war, statt an mich zu denken. Sonst hätte er mich sicherlich viel öfter verprügelt.«

Oder:
»Ich musste immer zurückstecken, denn ich stand als Puffer zwischen den Eltern, die sich sonst vielleicht getrennt hätten.«

Oder:
»Ich hätte Mutter viel zu viel belastet, wenn ich auch noch mit meinen Sorgen gekommen wäre. So habe ich gelernt, immer fröhlich dreinzublicken.«

Oder:
»Mit meiner immerwährenden Wut habe ich erreicht, dass Vater mich verprügelte, statt dass er Mutter angriff.«

Machen Sie dann eine weitere Stoffsammlung zu dem Thema:

Wofür war meine Abwehr im weiteren Leben nütze?

Denn Sie haben die Abwehr im Laufe Ihres späteren Lebens sicherlich auch als Hilfsmittel, als Ressource, gut gebrauchen können. Das ist vor allem im Beruf oft der Fall, wo verschiedene Abwehrmechanismen meist positiv einzusetzen sind. Für diese Überlegungen ist es sinnvoll, die zuvor erstellte Liste mit Ihren einzelnen Abwehrmechanismen genauer durchzugehen.

Beispiele:

»Als Kind hatte ich mich in meinen Vater einfühlen müssen, wie er drauf war: Was für eine Miene machte er? War er wieder betrunken? – So habe ich gelernt, mich in andere Leute einfühlen zu können, und das kann ich in meinem Beruf als Berater gut gebrauchen.«

Oder:

»Ich habe als Kind lernen müssen, immer zwischen Vater und Mutter zu vermitteln. Ich habe also gelernt, vieles auszugleichen. Das kommt mir beruflich sehr zugute, denn als Stationsschwester muss ich auch viel ausgleichen.«

Oder:

»Ich habe zum einen lernen können, immer fröhlich zu sein. Das hilft mir sehr im Kundenkontakt. Zum anderen habe ich viele Belastungen zu tragen gelernt. Das kann man überall gut gebrauchen!«

Oder:

»Da ich als Kind viele Misshandlungen erleiden musste, kann mich jetzt nichts mehr so schnell umwerfen. Auch in ausweglos scheinenden Situationen habe ich gelernt, immer eine Hoffnung zu behalten.«

Mit den beiden Stoffsammlungen kann man sich getrost Zeit lassen, aber die beiden nun folgenden Briefe sollen in einem Zuge geschrieben werden!

Mein Brief an meine Abwehr

Ihre beiden Stoffsammlungen können Sie nun hinzuziehen, um einen freundlichen Brief an Ihre Abwehr zu schreiben. Sie sollten bitte ausführen, dass Sie der Abwehr dankbar sind für alle ihre Dienste, die sie geleistet hat. Zählen Sie dafür Beispiele auf.

Am Schluss dieses Briefes schreiben Sie bitte ein bis zwei Sätze dazu, dass die Abwehr nun ihre Aufgabe erfüllt hat. Denn Sie lernen ja jetzt selbst, mit den Gefühlen umzugehen. Deswegen bitten Sie die Abwehr, ihre Arbeit einzustellen und an Sie, an den Erwachsenen abzugeben.

Antwort der Abwehr an den Erwachsenen

Versetzen Sie sich dann in die Abwehr, die gerade diesen Brief bekommen hat. Antworten Sie dem Erwachsenen, schreiben Sie als Abwehr einen Brief an den Erwachsenen zurück. Schreiben Sie ganz so, wie es Ihnen aus der Feder fließt, aus der Rolle der Abwehr heraus.

Sie können vorher noch nicht wissen, was Sie dann schreiben werden.

Beispielbriefe aus der Praxis: Antworten der Abwehr

Vorbemerkung: Anders als bei den späteren Beispielbriefen möchte ich Ihnen hier dringend ans Herz legen, erst diese Übung zu machen und Ihre Briefe zu schreiben und danach die Beispielbriefe zu lesen. Denn unsere Abwehr ist überaus findig und könnte sich sonst – natürlich unbewusst – einen der Beispielbriefe als Vorbild nehmen, um so glänzen zu können: *»Habe ich das nicht gut gemacht? Genau solch eine Antwort wie sie im Buch steht!«* – Das allerdings wäre völlig sinnlos für Ihr Ziel, wieder zu innerem Einklang zu finden.

Die Antworten der Abwehr kann man in vier Kategorien einteilen:

1. Die Abwehr lehnt rundweg ab

Beispiel: »*Mein lieber XY! Das ist doch wohl nicht dein Ernst! Du wirst es doch nie und nimmer schaffen, mit deinen Gefühlen umzugehen. Außerdem hast du mich schon viele Jahrzehnte, und ich habe dir immer treu gedient. Also, schlag dir das aus dem Kopf! Viele Grüße, Abwehr.*«

2. Die Abwehr ist kooperativ

Beispiel: »*Hallo XY! Darauf habe ich, ehrlich gesagt, schon lange gewartet! Endlich willst du die Verantwortung selber in die Hand nehmen! Ich überlasse sie dir gerne, aber ich werde dir im Hintergrund noch mit Rat und Tat zur Seite stehen. Alles Gute wünscht dir deine Abwehr.*«

3. Die Abwehr ist überschwänglich

Beispiel: »*Hallo liebe XY! Du glaubst gar nicht, wie froh ich bin, endlich die Verantwortung abzugeben! Nimm sie bitte, ich mache dir gerne den Weg frei. Ich habe schon lange unter der Belastung gelitten und ich bin nur zu froh, die Verantwortung endlich los zu sein! Ich wünsche dir alles Gute und verabschiede mich. Tschüss, deine glückliche Abwehr.*«

4. Die Abwehr antwortet eingeschnappt, ist patzig oder beschimpft Sie

Beispiel: »*Meine liebe XY, dann eben nicht! Dann musst du sehen, was du davon hast! Hat man sich Jahrzehnte lang abrackern müssen, und das ist dann der*

Dank dafür! Diese Suppe, die du dir da einbrockst, musst du dann auch selber auslöffeln! Deine sehr enttäuschte Abwehr.«

Meine Kommentare zu den vier Antwortschreiben
Zu Beispiel 1: Das kann leider passieren, dass die Abwehr so oder auch durchaus noch drastischer schreibt. In dem Fall kann helfen:

- Führen Sie einige Zeit lang nur die »Übungen zur Stärkung des Erwachsenen« durch, um in den Augen der Abwehr potent genug zu werden, sich von der Abwehr zu befreien.
- Zeigen Sie damit auch, dass Sie es ernst meinen mit der Kontaktaufnahme zum Inneren Kind.
- Sie können auch mit der Abwehr verhandeln. Aber dabei ist es wichtig, dass Sie konstruktiv und positiv bleiben, sonst werden Sie den Kürzeren ziehen. Ein Beispiel:
  Erwachsener: *»Hallo Abwehr! Ich werde lernen, mit den Gefühlen umzugehen! Was müsste ich also noch tun, damit du mich mit dem Inneren Kind arbeiten lässt?«*

Zu Beispiel 2: Diese Antwort der Abwehr ist recht realistisch. Man kann nicht ohne jegliche Abwehr sein. Und vor allen Dingen: Wenn man schon ein Leben lang mit der Abwehr gelebt hatte, dann kann sie nicht von heute auf morgen verschwinden.

Zu Beispiel 3: Diese Antwort ist ein bisschen zu positiv, zu euphorisch. Das könnte zu Enttäuschungen führen, ist aber jedenfalls besser, als wenn sich die Abwehr sperren würde. Insofern: Die Abwehr ist offen, was wollen wir mehr? Alles andere wird die Zeit ja zeigen.

Zu Beispiel 4: Bei dieser Antwort ist es vermutlich so, dass es gar nicht die *Abwehr* ist, die da zurückschreibt. Man sollte sich die Frage stellen, zu welcher Person der eigenen Kindheit solch ein Stil passen würde. Mit hoher Wahrscheinlichkeit werden Sie dann auf Vater, Mutter oder eine ebenfalls nahe Person stoßen. Übrigens ist es auch möglich, dass hinter dem Stil des obigen ersten Beispiels Vater oder Mutter stecken. In solchen Fällen sollte man einen weiteren Brief verfassen, in dem man beispielsweise schreibt: *»Hallo, seid ihr vielleicht die Eltern?«* Und bei Bejahung: *»Ich habe euch nicht gefragt, sondern die Abwehr! – Liebe Abwehr, würdest du mir bitte antworten?«*

Übung: Befragen des Inneren Kindes

Der Zweck der folgenden Fragen ist, einen Überblick darüber zu bekommen, welche Themen zu vertiefen sind. In den Fragen werden nämlich alle wichtigen Lebensbereiche beleuchtet. Das ist von erheblicher Bedeutung, weil – wie oben beschrieben – unter der Abwehr viele Konflikte toben könnten, ohne dass auch nur einer davon ins Bewusstsein gelangen müsste. (Es heißt ja auch Unter-Bewusstsein!) Und das kostet sehr viel seelische Energie. Also sollte man solche Konflikte einen nach dem anderen entschärfen. Wie Ihnen das gelingt, lesen Sie im Abschnitt »Schreiben und heilsamer Umgang mit dem Inneren Kind – ein ›Kochbuch‹« (siehe Seite 110).

Verteilen Sie das Befragen des Inneren Kindes über mehrere Tage oder Wochen; nehmen Sie sich nicht zu viele Fragen für einen Tag vor. Das wäre nicht sinnvoll. Wählen Sie stattdessen lieber jeweils einzelne Blöcke von vier bis fünf Fragen aus. Die ersten beiden zusammenhängenden Frageblöcke schlage ich Ihnen hier anschließend vor.

Nach Ablauf von einem halben oder einem Jahr können Sie durchaus dem Inneren Kind wieder dieselben Fragen vorlegen und die neuerlichen Antworten abwarten. Damit dokumentieren Sie Ihre eigene Entwicklung, die in der Zwischenzeit stattgefunden hat.

Vorbereitungen und Vorgehensweise

- Es ist sehr hilfreich, wenn man sich einige prägnante Kindheitsfotos heraussucht und aufstellt. Diese können es erleichtern, sich in verschiedene Altersstufen des jeweiligen Inneren Kindes hineinzuversetzen.
- Machen Sie dann eine von den oben beschriebenen

Übungen zur Stärkung des Erwachsenen (siehe Seite 56).

- Legen Sie dann dem Inneren Kind nacheinander jede der Fragen aus dem gewählten Block einzeln vor: Am besten schreiben Sie die jeweilige Frage ab, oder sprechen Sie zumindest jede Frage jeweils laut aus.

- Dann lassen Sie sich jeweils jede Frage einzeln beantworten. Die meisten Fragen kann man natürlich nur intuitiv beantworten, insbesondere wenn das Alter in vorsprachlicher Zeit liegt. Aber genau das ist gefragt! Beispielantworten aus der Praxis können Sie anschließend lesen (siehe ab Seite 90).

- Die Antworten vom Inneren Kind sollten Sie nur recht kurz gefasst aufschreiben.

- Wenn nach etwa 15 Sekunden keine Antwort kommt – denn nicht alle Inneren Befragten haben zu allen Fragen etwas zu sagen – dann sollten Sie zur nächsten Frage übergehen.

- Falls jedoch zu oft nichts kommt, sollten Sie die Abwehr anschreiben und nachfragen, warum sie sich meldet.

- Dabei ist wichtig, dass die Gefühle nicht besonders stark gefühlt werden müssen. Es reicht durchaus, wenn man den betreffenden Teil des Inneren Kindes nur anspricht.

- Falls Gefühle zu stark werden sollten, dann unterbrechen Sie bitte das Schreiben und gehen Sie an den »Sicheren Inneren Ort« (siehe Seite 57), erinnern Sie sich an den »Moment of Excellence« (siehe Seite 61) oder führen Sie andere Übungen zur Stärkung des Erwachsenen durch (siehe Seite 56).

■ Sie können das Innere Kind mit diesem oder jenem speziellen Gefühl anschreiben: »*Hallo wütendes Kind ...*«, oder Sie können das Gefühl direkt ansprechen: »*Hallo Wut ...*« Wählen Sie die Ansprache, die Ihnen besser liegt.

Die jeweiligen Fragen sollen an folgende Teile beziehungsweise Innere Personen gestellt werden:

■ **an das Kind:** das freie Kind – den Schmerz (das verletzte Kind) – die Angst (das ängstliche Kind) – die Wut (das wütende Kind) – die Abwehr (das clevere Kind, das die Abwehr entdeckte und seitdem anwendet) – die Leere (das energielose, resignierte, angepasste Kind) – die Scham (das Kind, das sich seiner Art/seines Fühlens schämt),

■ **an Mutter und Vater** von früher oder andere Erzieher, die man zusätzlich oder stattdessen gehabt hat.

Die Inneren Eltern sind unsere Erinnerungen daran, wie die Eltern damals in unserer Kindheit waren. Diese Inneren Eltern können sich durchaus erheblich von den jetzigen Eltern unterscheiden. Aber die Inneren Eltern beeinflussen uns weitaus mehr als die jetzigen realen Eltern, weil sie in unserer Psyche verinnerlicht wurden. Und wenn es immer wieder Probleme mit den jetzigen Eltern geben sollte, gilt: Setzen Sie sich vorab mit den Inneren Eltern auseinander. Dann fällt eine Klärung mit den jetzigen Eltern in der Regel leichter.

Fragen an das Innere Kind – Teil 1

Mit den folgenden Fragenblöcken arbeite ich in meinen Seminaren; sie sind also vielfach in der Praxis erprobt. Einige dieser Fragen habe ich vor vielen Jahren in dem bereits im Vorwort erwähnten *ESH*-Seminar (*Emotive Subself Healing*) kennen gelernt und von dort übernommen oder entlehnt. Diese sind im Folgenden mit einem Sternchen (*) versehen.

Als Zeitbedarf können Sie etwa eine halbe bis dreiviertel Stunde einrechnen. Manche Teilnehmer in meinen Kursen sind bedeutend schneller fertig, andere empfinden die Zeit als viel zu knapp bemessen. Verstehen Sie die Zeitangabe also nur als Orientierung. Bedenken Sie aber, dass Sie für jede Antwort nur etwa 15 Sekunden abwarten sollten, bevor Sie zur nächsten Frage übergehen; so sollte der Zeithorizont doch etwa ausreichen. Wenn Sie, wie ich es empfehle, jede Frage abschreiben und nicht nur laut sprechen, dann dauert es entsprechend länger.

Beginnen Sie nun mit dem Befragen Ihres Inneren Kindes:

- »*Hallo freies Kind, welchen Menschen in meinem heutigen Leben findest du am besten – und warum?*«*

- »*Hallo freies Kind, mit welchem Menschen in meinem heutigen Leben hast du die größten Probleme – und warum?*«*

- »*Hallo freies Kind, was ist (heutzutage) das Beste an mir, dem erwachsenen ....
 (setzen Sie Ihren Namen ein) – und warum?*«*

- »*Hallo freies Kind, was ist (heutzutage) das Schlimmste an mir, dem erwachsenen ....
 (setzen Sie Ihren Namen ein) – und warum?*«*

- »*Hallo verletztes Kind, welchen Menschen in meinem heutigen Leben findest du am besten – und warum?*«

- »*Hallo verletztes Kind, mit welchem Menschen in meinem heutigen Leben hast du die größten Probleme – und warum?*«

- »*Hallo verletztes Kind, was ist (heutzutage) das Beste an mir, dem erwachsenen ....
 (setzen Sie Ihren Namen ein) – und warum?*«

■ »Hallo verletztes Kind, was ist (heutzutage) das Schlimmste an mir, dem erwachsenen .... (setzen Sie Ihren Namen ein) – und warum?«

――――――

■ »Hallo ängstliches Kind, welchen Menschen in meinem heutigen Leben findest du am besten – und warum?«

■ »Hallo ängstliches Kind, mit welchem Menschen in meinem heutigen Leben hast du die größten Probleme – und warum?«

■ »Hallo ängstliches Kind, was ist (heutzutage) das Beste an mir, dem erwachsenen .... (setzen Sie Ihren Namen ein) – und warum?«

■ »Hallo ängstliches Kind, was ist (heutzutage) das Schlimmste an mir, dem erwachsenen .... (setzen Sie Ihren Namen ein) – und warum?«

――――――

■ »Hallo wütendes Kind, welchen Menschen in meinem heutigen Leben findest du am besten – und warum?«

■ »Hallo wütendes Kind, mit welchem Menschen in meinem heutigen Leben hast du die größten Probleme – und warum?«

■ »Hallo wütendes Kind, was ist (heutzutage) das Beste an mir, dem erwachsenen .... (setzen Sie Ihren Namen ein) – und warum?«

■ »Hallo wütendes Kind, was ist (heutzutage) das Schlimmste an mir, dem erwachsenen .... (setzen Sie Ihren Namen ein) – und warum?«

■ »Hallo cleveres Kind, das die Abwehr entdeckte, welchen Menschen in meinem heutigen Leben findest du am besten – und warum?«

■ »Hallo cleveres Kind, das die Abwehr entdeckte, mit welchem Menschen in meinem heutigen Leben hast du die größten Probleme – und warum?«

■ »Hallo cleveres Kind, das die Abwehr entdeckte, was ist (heutzutage) das Beste an mir, dem erwachsenen .... (setzen Sie Ihren Namen ein) – und warum?«

■ »Hallo cleveres Kind, das die Abwehr entdeckte, was ist (heutzutage) das Schlimmste an mir, dem erwachsenen .... (setzen Sie Ihren Namen ein) – und warum?«

- »*Hallo energieloses/resigniertes/angepasstes Kind, welchen Menschen in meinem heutigen Leben findest du am besten – und warum?*«

- *Hallo energieloses/resigniertes/angepasstes Kind, mit welchem Menschen in meinem heutigen Leben hast du die größten Probleme – und warum?*«

- »*Hallo energieloses/resigniertes/angepasstes Kind, was ist (heutzutage) das Beste an mir, dem erwachsenen .... (setzen Sie Ihren Namen ein) – und warum?*«

- »*Hallo energieloses/resigniertes/angepasstes Kind, was ist (heutzutage) das Schlimmste an mir, dem erwachsenen .... (setzen Sie Ihren Namen ein) – und warum?*«

- »*Hallo Kind, das sich mit seiner Art/seinem Fühlen schämt, welchen Menschen in meinem heutigen Leben findest du am besten – und warum?*«

- »*Hallo Kind, das sich mit seiner Art/seinem Fühlen schämt, mit welchem Menschen in meinem heutigen Leben hast du die größten Probleme – und warum?*«

■ *»Hallo Kind, das sich mit seiner Art/seinem Fühlen schämt, was ist (heutzutage) das Beste an mir,
dem erwachsenen ... (setzen Sie Ihren Namen ein)
– und warum?«*

■ *»Hallo Kind, das sich mit seiner Art/seinem Fühlen schämt, was ist (heutzutage) das Schlimmste
an mir, dem erwachsenen .... (setzen
Sie Ihren Namen ein) – und warum?«*

■ *»Hallo Innerer Vater (von damals), welchen
Menschen in meinem heutigen Leben findest du
am besten – und warum?«*

■ *»Hallo Innerer Vater (von damals), mit welchem
Menschen in meinem heutigen Leben hast du die
größten Probleme – und warum?«*

■ *»Hallo Innerer Vater (von damals), was ist (heutzutage) das Beste an mir, dem erwachsenen
.... (setzen Sie Ihren Namen ein) – und
warum?«*

■ *»Hallo Innerer Vater (von damals), was ist (heutzutage) das Schlimmste an mir, dem erwachsenen
.... (setzen Sie Ihren Namen ein) – und
warum?«*

- *»Hallo Innere Mutter (von damals), welchen Menschen in meinem heutigen Leben findest du am besten – und warum?«*

- *»Hallo Innere Mutter (von damals), mit welchem Menschen in meinem heutigen Leben hast du die größten Probleme – und warum?«*

- *»Hallo Innere Mutter (von damals), was ist (heutzutage) das Beste an mir, dem erwachsenen .... (setzen Sie Ihren Namen ein) – und warum?«*

- *»Hallo Innere Mutter (von damals), was ist (heutzutage) das Schlimmste an mir, dem erwachsenen .... (setzen Sie Ihren Namen ein) – und warum?«*

Anregungen für Ihre Auswertung

Für die Auswertung kann man sich beispielsweise folgende Fragen stellen:

- Gibt es Gefühle, bei denen das Innere Kind fast immer stumm bleibt?
- Wenn ja: Ist das eine Aussage – wofür? Kennen Sie diese Gefühle überhaupt nur wenig?

- Ist bei »*findest du am besten*« und »*hast du die größten Probleme*« vielleicht oftmals dieselbe Person genannt worden?

- Wenn ja: Was könnte das bedeuten? Ist es vielleicht sogar der Partner, den das Innere Kind am besten findet und mit dem es gleichzeitig die größten Probleme hat? Das kommt recht häufig vor (sehen Sie dazu auch Beispielantworten zu Teil 1, Seite 90).

- Sind bei den beiden ersten Fragen bereits verstorbene Personen genannt worden? Was könnte das bedeuten?

- Immer wenn einzelne Teile von Ihnen zur selben Frage gegensätzliche Antworten geben, haben Sie wohl ein Problem aufgedeckt. Sie sollten es sich wert sein, dass Sie diese Themen später beim freien Schreiben (sehen Sie ab Seite 110) aufgreifen.

- Insbesondere wenn die Inneren Eltern im Gegensatz zu Ihren anderen Teilen stehen, sind Konflikte vorprogrammiert beziehungsweise schon vorhanden. Diese sollten tunlichst ausgeräumt werden; die Methodik dazu beschreibe ich im Abschnitt »Was Sie sonst noch beachten sollten« ab Seite 126.

Denn wenn die Inneren Eltern sich gegen etwas stellen, macht sich das bei Ihnen wahrscheinlich in mehr oder weniger starken Schuldgefühlen bemerkbar oder Sie sind rebellisch oder deprimiert. Schuldgefühle wegdrängen zu wollen kostet viel seelische Energie, die Sie viel besser zum Leben und zur Freude einsetzen könnten!

Beispielantworten zu Teil 1 der Fragen

Die im Folgenden aufgeführten Antworten haben Seminarteilnehmer notiert. Ihnen mögen Sie hier zeigen, wie das Innere Kind antworten kann: meistens recht deutlich und eher kurz. Das Innere Kind sieht oft klarer, als wir selbst sehen oder sehen wollen.

- Erwachsene: »*Hallo ängstliches Kind, welchen Menschen in meinem heutigen Leben findest du am besten – und warum?*«
  Inneres Kind: »*Den Martin, denn bei ihm fühle ich mich meistens so sicher.*« (Martin ist der Partner.)

- Erwachsene: »*Hallo ängstliches Kind, mit welchem Menschen in meinem heutigen Leben hast du die größten Probleme – und warum?*«
  Inneres Kind: »*Mit Martin, denn ich habe Angst, dass er mich vielleicht verlassen könnte.*«

- Erwachsene: »*Hallo ängstliches Kind, was ist (heutzutage) das Beste an mir, der erwachsenen Sigrid – und warum?*«
  Inneres Kind: — — *(schweigt)*

- Erwachsene: »*Hallo ängstliches Kind, was ist (heutzutage) das Schlimmste an mir, der erwachsenen Sigrid – und warum?*«
  Inneres Kind: »*Dass du mir noch mehr Ängste machst, weil du dir immer nur um die Zukunft Sorgen machst.*«

- Erwachsene: »*Hallo energieloses/resigniertes/angepasstes Kind, welchen Menschen in meinem heutigen Leben findest du am besten – und warum?*«
  Inneres Kind: »*Den Martin, denn wenn er sich mal um mich kümmert, dann bin ich immer ganz glücklich und brauche nicht zu resignieren.*«

- Erwachsene: »*Hallo energieloses/resigniertes/angepasstes Kind, mit welchem Menschen in meinem heutigen Leben hast du die größten Probleme – und warum?*
  Inneres Kind: »*Mit Martin, denn ich muss mich immer mit der wenigen Zeit zufriedengeben, die er hat.*«

- Erwachsene: »*Hallo Innerer Vater (von damals), welchen Menschen in meinem heutigen Leben findest du am besten – und warum?*«
  Innerer Vater: »*Also, dein Mann ist recht akzeptabel! Der macht im Beruf eine ganz gute Figur!*«

- Erwachsene: »*Hallo, Innerer Vater (von damals), mit welchem Menschen in meinem heutigen Leben hast du die größten Probleme – und warum?*«
  Innerer Vater: »*Dein Mann behandelt dich nicht immer gut. Da hättest du was Besseres verdient.*«

- Erwachsene: »*Hallo Innere Oma (von damals), welchen Menschen in meinem heutigen Leben findest du am besten – und warum?*« (Bei dieser Seminarteilnehmerin war damals auch die Großmutter für die Erziehung zuständig.)

Innere Oma: »*Deine Kinder! Die sind ja so goldig! Und so wohlerzogen!*«

■ Erwachsene: »*Hallo Innere Oma (von damals), mit welchem Menschen in meinem heutigen Leben hast du die größten Probleme – und warum?*«

Innere Oma: »*Mit deinem Mann, denn der sollte sich um dich etwas mehr bemühen und mehr Zeit haben für dich!*«

Fragen an das Innere Kind – Teil 2

Die jeweiligen Fragen sollen nacheinander an folgende Teile beziehungsweise Innere Personen gestellt werden:

■ **an das Kind:** das freie Kind – den Schmerz (das verletzte Kind) – die Angst (das ängstliche Kind) – die Wut (das wütende Kind) – die Abwehr (das clevere Kind, das die Abwehr entdeckte und seitdem anwendet) – die Leere (das energielose, resignierte, angepasste Kind) – die Scham (das Kind, das sich seiner Art/seines Fühlens schämt),

■ **an Mutter und Vater** von früher oder andere Erzieher, die man zusätzlich oder stattdessen gehabt hat.

Der Zeitbedarf ist meist geringer als der für den ersten Fragenblock, weil Sie schon etwas Übung haben. Planen Sie etwa eine halbe Stunde ein.

Beginnen Sie nun mit den Fragen – wie zuvor, nacheinander an alle Inneren Personen:

1. Entweder: »*Was ist das Beste an meiner Partnerin/ meinem Partner – und warum?*«*
   Oder, falls Sie allein leben: »*Was ist das Beste daran, allein zu leben – und warum?*«

2. Entweder: »*Was ist das Schlimmste an meiner Partnerin/meinem Partner – und warum?*«*
   Oder, falls Sie allein leben: »*Was ist das Schlimmste daran, allein zu leben – und warum?*«

3. »*Wie ist dir zumute, wenn du an Gott denkst – und warum?*«*
   Bei dieser Frage sollten Sie sich »Gott« nicht zu abstrakt vorstellen, nicht als »höchste Kraft«, »reines Licht« oder dergleichen. Stellen Sie sich Gott so »menschlich« wie möglich vor. Denn dann kommen Sie in den Bereich der Übertragung: Die meisten Menschen übertragen – ohne dass sie es wissen – meist das Bild ihres Vaters auf »Gott« oder das Bild von Gott, das ihnen Pastoren oder Priester vermittelt haben. Stellen Sie sich Gott dagegen abstrakt vor, dann könnten mögliche Prägungen oder Verletzungen durch das ge-

lernte Bild von Gott kaum zum Vorschein kommen; es wäre die perfekte unbewusste Abwehr.

4. Falls Sie dies erlebt haben: »*Wie war es, als ich/ meine Partnerin eine Abtreibung (oder eine Fehlgeburt) hatte?*«
Abtreibung und Fehlgeburt können traumatische Erlebnisse sein; sie liegen meistens unter einer starken Abwehr verborgen. Dennoch sollte man sich diese Frage vorlegen.

5. »*Wie war es, als ich*, ... (setzen Sie Ihren Namen ein), *im Mutterleib war? – Warum?*«
Viele meiner Seminarteilnehmer merken bei dieser Frage an, dass sie diese Frage doch allenfalls »intuitiv« beantworten könnten. Falls auch Sie bei dieser Frage skeptisch sind, dann möchte ich Sie bitten, dennoch eine Antwort zu probieren – jetzt, bevor Sie im Folgenden lesen, welchen Hintergrund diese Frage hat.

Anregungen für Ihre Auswertung

Wenn die *Inneren Eltern* ein Problem mit meinem Partner haben, zum Beispiel auf die erste Frage gar keine Antwort hatten und auf die zweite Frage geantwortet haben: »*Du hättest ihn gar nicht heiraten dürfen, das war unter deinem Stand!*«, dann haben wir Fragenden natürlich auch ein Problem. Vermutlich haben wir es schon lange immer wieder weggedrückt, aber von Zeit zu Zeit meldet es sich dennoch. Wir sollten solchen Widersprüchen unbedingt nachgehen und sie keinesfalls weiter verdrängen. Wir sollten sie heilen. Wie das vonstatten geht, ist weiter unten ausgeführt.

Unsere Antworten auf die Frage nach »Gott« gibt uns, wie ausgeführt, ebenfalls Hinweise auf unser Bild von Gott, das wir von unseren Eltern, von Pastoren oder Priestern gelernt haben.

Sich der Erinnerung an eine Abtreibung oder eine Fehlgeburt zu stellen, das ist sicher eine schwierige Aufgabe; Sie können diese gegebenenfalls auch mit professioneller Begleitung angehen.

Haben Sie eine Antwort auf die fünfte Frage versucht? – Hier werden entweder schöne Gefühle genannt; dann ist alles bestens. Oder man erinnert problematische Gefühle, zum Beispiel Angst: *»Ich will hier nicht raus!«* Das kann dann vielfältige Gründe haben:

- Fühlten Sie sich willkommen in der anderen Welt? Oder waren Sie vielleicht eigentlich nicht so erwünscht?
- Oder hatten Sie die Gefühle der Mutter übernommen? Diese können ja ebenfalls sehr vielfältig sein: von Problemen in der Paarbeziehung über eine mögliche Sorge vor einer weiteren Fehlgeburt bis hin zu Panik wegen der missglückten Abtreibung.
- Oder waren Sie ein Zwilling, ohne dass dieser auch geboren wurde? Und ohne dass jemand gemerkt hatte, dass er »abgegangen« war – außer Ihnen?

Mindestens zehn Prozent von uns Menschen haben solch eine Erfahrung machen müssen. Und die Folge kann sein, dass man unter Umständen lebenslang auf der Suche ist – und gar nicht weiß, wonach man sucht! Oder man ist von unerklärlichen Schuldgefühlen, Ängsten, Schmerz und dergleichen befallen, für die es in der Biografie bisher keine Ursachen gegeben hat. Weil ja eine Biografie im üblichen Sinne erst ab der Geburt zählt. – Wenn Sie sich von diesem Thema angesprochen fühlen, empfehle ich Ihnen sehr, sich damit weiter zu beschäftigen. Im Internet finden Sie neben Literatur unter den Stichwörtern »verlorener Zwilling Seminare« auch Angebote für Therapieseminare.

Beispielantworten zu Teil 2 der Fragen

Die folgenden Beispielantworten von Teilnehmern an meinen Seminaren zeigen, dass durch diese Art zu fragen oft auch sehr Schmerzhaftes hervorkommt – aber manchmal die Gefühle noch immer zurückstehen und wir uns die Antworten genau ansehen sollten. Zu einigen Antworten füge ich im Folgenden meine Gedanken hinzu.

Antworten zur vierten Frage, Abtreibung:

■ Erwachsene: *»Hallo freies Kind, wie fühlst du darüber, dass ich damals die Abtreibung gemacht habe?«*

Freies Kind: »*Ich bin wütend und traurig. Ich hätte so gern ein Kind gehabt!*«

- Erwachsene: »*Hallo Schmerz, wie fühlst du darüber, dass ich damals die Abtreibung gemacht habe?*«
Schmerz: »*Ich bin nur wund, ganz tief innen!*«

- Erwachsene: »*Hallo Angst, wie fühlst du darüber, dass ich damals die Abtreibung gemacht habe?*«
Angst: »*Ich habe Angst, das könntest du auch mit mir tun.*«

- Erwachsene: »*Hallo Wut, wie fühlst du darüber, dass ich damals die Abtreibung gemacht habe?*«
Wut: »*ICH BIN SO WÜTEND, WEIL DU DICH HAST ERPRESSEN LASSEN VON SASCHA!!!*«

- Erwachsene: »*Hallo Abwehr, wie fühlst du darüber, dass ich damals die Abtreibung gemacht habe?*«
Abwehr: »*Wir müssen endlich nach vorne blicken! Darüber sollten wir nicht mehr nachdenken!*«

- Erwachsene: »*Hallo Leere, wie fühlst du darüber, dass ich damals die Abtreibung gemacht habe?*«
Leere: »*Es ist alles aus! Nie wieder kann das rückgängig gemacht werden! Nie wieder kann ich mich freuen!*«

- Erwachsene: »*Hallo Scham, wie fühlst du darüber, dass ich damals die Abtreibung gemacht habe?*«

Scham: »*Es ist so schlimm, wie die Leute mich angucken, als ob die alle wissen, was ich getan habe!*«

- Erwachsene: »*Hallo Innerer Vater, wie fühlst du darüber, dass ich damals die Abtreibung gemacht habe?*«

  Innerer Vater: »*Meine Güte, nimm dich doch mal zusammen! Das ist schon so lange her! Und das war das Vernünftigste!*« – Man beachte, dass hier kein Gefühl genannt wird.

- Erwachsene: »*Hallo Innere Mutter, wie fühlst du darüber, dass ich damals die Abtreibung gemacht habe?*«

  Innere Mutter: »*Ich habe auch mal abtreiben müssen. Dein Vater wollte das so.*« – Oha! Deswegen also hat der Innere Vater eben nur so rational geantwortet. Und auch die Innere Mutter nennt jetzt kein Gefühl.

- Erwachsene: »*Hallo Innere Oma, wie fühlst du darüber, dass ich damals die Abtreibung gemacht habe?*«

  Innere Oma: »*Das hättest du auf gar keinen Fall tun dürfen! Das ist eine schwere Sünde!*« – Wieder wird kein Gefühl genannt. Alles in allem ist das ein recht schwerer innerpsychischer Wirrwarr: Innere Oma, Innere Mutter, Innerer Vater sind in gegenseitigem Konflikt wie auch die einzelnen Teile des Inneren Kindes. Falls das alles weiterhin weggedrückt werden sollte, könnte sich im Laufe der Jahre die Abwehr vielleicht gezwungen sehen, zu drastischeren Maßnahmen zu greifen, zum Beispiel zum Verlagern der Probleme auf den Körper in Form von Krankheit.

Antworten zur vierten Frage, Fehlgeburt:

■ Erwachsener: »*Hallo freies Kind, wie fühlst du darüber, dass Claudia damals eine Fehlgeburt hatte?*« Freies Kind: »*Bin traurig. Aber nur etwas.*« – Falls Sie eine solche Antwort verwundert: (Freie) Kinder haben einen sehr natürlichen Zugang zu Themen wie Tod und Sterben.

■ Erwachsener: »*Hallo verletztes Kind, wie fühlst du darüber, dass Claudia damals eine Fehlgeburt hatte?*« Verletztes Kind: »*Ich kriegte mich gar nicht mehr ein, so hat das wehgetan.*«

■ Erwachsener: »*Hallo ängstliches Kind, wie fühlst du darüber, dass Claudia damals eine Fehlgeburt hatte?*« Ängstliches Kind: »*Ich weiß nicht.*«

■ Erwachsener: »*Hallo wütendes Kind, wie fühlst du darüber, dass Claudia damals eine Fehlgeburt hatte?*« Wütendes Kind: – – *(hat dazu nichts zu sagen)*

■ Erwachsener: »*Hallo cleveres Kind, das die Abwehr entdeckte, wie fühlst du darüber, dass Claudia damals eine Fehlgeburt hatte?*«
Cleveres Kind: »*Da kann man nichts machen.*«

■ Erwachsener: »*Hallo resigniertes Kind, wie fühlst du darüber, dass Claudia damals eine Fehlgeburt hatte?*«
Resigniertes Kind: »*Ich fühle mich wie tot. Dumpf.*«

■ Erwachsener: »*Hallo schamvolles Kind, wie fühlst du darüber, dass Claudia damals eine Fehlgeburt hatte?*«
Schamvolles Kind: – – *(hat dazu nichts zu sagen)*

■ Erwachsener: »*Hallo Innerer Vater, wie fühlst du darüber, dass Claudia damals eine Fehlgeburt hatte?*«
Innerer Vater: »*Das war ganz schön traurig. Aber das ist ja schon lange her.*« – Im zweiten Satz des Vaters kommt die Abwehr deutlich zum Ausdruck.

■ Erwachsener: »*Hallo Innere Mutter, wie fühlst du darüber, dass Claudia damals eine Fehlgeburt hatte?*«
Innere Mutter: »*Ach, das war furchtbar!*«

Antworten zur vierten Frage, verlorener Zwilling:

■ Erwachsener: »*Hallo freies Kind, wie war es, als ich, Manfred, im Mutterleib war – und warum?*«
Freies Kind: »*Ich dachte, ich müsste sterben!*«

■ Erwachsener: »*Hallo Schmerz, wie war es, als ich, Manfred, im Mutterleib war – und warum?*«
Schmerz: »*Tut unendlich weh!*«

■ Erwachsener: »*Hallo Angst, wie war es, als ich, Manfred, im Mutterleib war – und warum?*«
Angst: »*PANIK! HORROR!*«

■ Erwachsener: »*Hallo Wut, wie war es, als ich, Manfred, im Mutterleib war – und warum?*«
Wut: – – *(keine Antwort)*

■ Erwachsener: »*Hallo Abwehr, wie war es, als ich, Manfred, im Mutterleib war – und warum?*«
Abwehr: »*Keine Ahnung!*«

■ Erwachsener: »*Hallo Leere, wie war es, als ich, Manfred, im Mutterleib war – und warum?*«
Leere: »*Es ist alles aus!*«

■ Erwachsener: »*Hallo Scham, wie war es, als ich, Manfred, im Mutterleib war – und warum?*«
Scham: »*Ich bin schuld.*« – An dieser Stelle wird oft ein Schuldgefühl zum Ausdruck gebracht.

■ Erwachsener: »*Hallo Innerer Vater, wie war es, als ich, Manfred, im Mutterleib war – und warum?*«
Innerer Vater: »*Das war schön!*«

▪ Erwachsener: »*Hallo Innere Mutter, wie war es, als ich, Manfred, im Mutterleib war – und warum?*«
Innere Mutter: »*Ich habe mich gefreut auf dich.*«

Wichtig: Bitte beantworten Sie auf jeden Fall diese ersten beiden Fragenblöcke, bevor Sie überlegen, ob Sie parallel zu den nun folgenden weiteren Fragen auch schon mit dem *freien Schreiben* beginnen wollen. Genaue Anleitungen dazu lesen Sie im Abschnitt »Schreiben und heilsamer Umgang mit dem Inneren Kind – ein ›Kochbuch‹« ab Seite 110.

Weitere mögliche Fragestellungen

Im Folgenden liste ich weitere mögliche Fragen auf, die unterschiedliche Inhalte ansprechen. Sie können sich daraus selbst einen Block von etwa fünf Fragen zusammenstellen, die Sie sich dann vorlegen:

1. »*Was ist das Beste an Sex – und warum meinst du das?*«*
2. »*Was ist das Schlimmste an Sex – und warum meinst du das?*«*
3. »*Wie ist dir zumute, wenn du an Tod und Sterben denkst. Warum?*«
4. »*Wenn ich jetzt etwas für dich tun könnte – was wäre das?*«* – Denken Sie daran: Sie müssen nicht alles erfüllen, was auf diese Frage erbeten oder ver-

langt werden könnte. Aber Sie sollten im Gespräch darüber mit Ihrem Inneren Kind sein.

5. »*Gibt es einen Namen, mit dem du vielleicht gerne angeredet werden möchtest?*«* – Einige Innere Kinder beziehungsweise deren Teile mögen das. So hat eine Seminarteilnehmerin die Leere »Graustorch« genannt und eine andere die Abwehr als »Sir Gerobald« bezeichnet. Übrigens kommt solch eine hochtrabende Anrede für die Abwehr recht häufig vor. Aber wenn Ihnen kein Name einfällt, dann ist das natürlich auch in Ordnung.

6. »*Wem müsste ich noch verzeihen?*«

7. »*Worüber freust du dich am meisten?*«

8. »*Was ärgert dich am meisten – und warum?*«

9. »*Was ist das höchste Ziel im Leben für dich? Warum?*«

10. »*Was hast du für Pläne für die Zukunft? Warum?*«

11. »*Was war dein schönstes Erlebnis? Warum?*«

12. »*Was war dein schlimmstes Erlebnis? Warum?*«

13. »*Wie fühlt sich dein Zuhause an? Warum?*«

14. »*Was für ein Hobby willst du gerne (zusätzlich) haben?*«

15. »*Wie findest du das Leben?*«

16. »*Was empfindest du über andere Menschen?*«

Stellen Sie dann die Fragen wiederum nacheinander an folgende Teile beziehungsweise Innere Personen:

■ **an das Kind:** das freie Kind – den Schmerz (das verletzte Kind) – die Angst (das ängstliche Kind)

> – die Wut (das wütende Kind) – die Abwehr (das
> clevere Kind, das die Abwehr entdeckte und seit-
> dem anwendet) – die Leere (das energielose, resig-
> nierte, angepasste Kind) – die Scham (das Kind,
> das sich seiner Art/seines Fühlens schämt),
>
> ■ **an Mutter und Vater** von früher oder andere Er-
> zieher, die man zusätzlich oder stattdessen gehabt
> hat.

Als Zeitbedarf können Sie etwa eine halbe Stunde für etwa fünf Fragen einplanen.

Beginnen Sie nun mit den Fragen und richten Sie sie, wie zuvor, nacheinander an alle Inneren Personen.

Weitere mögliche Fragestellungen – nach Themen geordnet

Wählen Sie für die weitere Befragung Ihres Inneren Kindes beziehungsweise wiederum aller Teile aus den folgenden Frageblöcken jene Blöcke und Fragen aus, die auf Ihre Lebenssituation zutreffen.

Wenn Sie angestellt arbeiten

1. *»Wer oder was fällt dir zuerst ein, wenn du an deinen Beruf denkst – und warum?«*
2. *»Was empfindest du gegenüber deinen Kollegen? Warum?«*
   Sie können die Frage auch genauer stellen:

»Was fühlst du gegenüber deinen Kollegen insgesamt? Warum?«

»Was ist das Beste an deiner Kollegin XY? Warum?«

»Was ist das Schlechteste an ihr? Warum?« – Diese und die vorherige Frage können Sie natürlich auch auf weitere Kollegen beziehen.

3. *»Wie ist dir zumute, wenn du an deinen Chef denkst? Warum?«*

Auch hier können Sie zusätzlich noch genauer nach dem Besten und dem Schlechtesten an Ihrem Chef fragen – und jeweils nach der Begründung dazu.

4. *»Was fühlst du gegenüber deinen Untergebenen? Warum?«*

Sie können zusätzlich genauer fragen, nach dem Besten und dem Schlechtesten im Zusammenhang mit Ihren Mitarbeitern und den Begründungen dafür.

5. *»Wie fühlt es sich für dich an, wenn du an deine Kunden oder Patienten … denkst? Warum?«*

Wenn Sie mögen, können Sie genauer wiederum nach dem Besten und dem Schlechtesten im Zusammenhang mit Ihren Kunden oder Patienten fragen und den Begründungen dafür.

6. *»Wie ist es für dich, dass du Geld verdienst/verdienen musst? Warum empfindest du so?«*

Sie können wiederum zusätzlich nach dem besten und schlechtesten Aspekt fragen und nach den Begründungen dafür.

Wenn Sie zurzeit ohne Anstellung sind oder selbstständig arbeiten

1. *»Wie ist dir zumute, dass du arbeitslos bist – und warum ist dir so zumute?«*
2. *»Was empfindest du über deine Rolle als Hausmann beziehungsweise als Hausfrau – und warum?«*
3. *»Wie fühlt sich deine Selbständigkeit an – und warum ist das so?«*
4. *»Was empfindest du darüber, dass du gegebenenfalls auf Kunden beziehungsweise Klienten angewiesen bist – und warum?«*
5. *»Wie fühlst du darüber, dass du Geld verdienst? Warum?«*

   Falls Sie arbeitssuchend sind: *»Wie fühlst du darüber, dass du Geld verdienen müsstest? Warum?«*

Auf die Familie bezogene Fragen

1. Sofern Sie Kinder haben: *»Wie geht es dir mit deinem Kind/deinen Kindern – und warum?«* – Beachten Sie dabei, dass Kinder oftmals eine Art Symbol oder Platzhalter für das eigene Innere Kind sind. Falls dies für Sie zutrifft: *»Wie geht es dir mit deinem unerfüllten Kinderwunsch?«* In meiner Praxis habe ich es stets so erlebt, dass bei Paaren, die unbedingt ein Kind haben wollten, zumindest auch der Kontakt zu den Inneren Kindern der beiden Partner – unterbewusst – gesucht wurde. Also war der Kinderwunsch auch eine Sehnsucht nach Kontakt mit dem eigenen Inneren Kind.

2. Falls Ihr Partner ein Kind oder Kinder hat: *» Wie geht es dir mit dem Kind beziehungsweise den Kindern deines Partners – und warum?«* Es kann beispielsweise sein, dass Sie eifersüchtig oder neidisch sind auf das Kind des Partners, weil – unterbewusst – sich das eigene Innere Kind benachteiligt vorkommt. Es könnte also eine Art Konkurrenzkampf zwischen dem Kind des Partners und dem eigenen Inneren Kind toben.

3. *» Was war damals, als ich Kind war, das Beste an Mutter – und warum?«* *

4. *» Was war damals, als ich Kind war, das Beste an Vater – und warum?«* *

5. *» Was war damals, als ich Kind war, das Schlimmste an Mutter – und warum?«* *

6. *» Was war damals, als ich Kind war, das Schlimmste an Vater – und warum?«* *

7. *» Was empfindest du gegenüber deinen heutigen Eltern – und warum?«* Diese Frage sollen selbstverständlich die Inneren Eltern nicht beantworten, aber wie zuvor alle anderen Teile des Inneren Kindes. Zur Erläuterung: Tief im Inneren sehnen sich alle Kinder nach ihren leiblichen Eltern. Wenn nun die Antworten des Inneren Kindes mehr in Richtung Gleichgültigkeit, Ablehnung oder gar Hass und Verbitterung gehen, dann müssen natürlich entsprechende Verwundungen passiert sein. Diese kosten aber sehr viel seelische Energie, denn es sind ja Spielarten der Abwehr. Wenn irgend möglich sollte man schon aus diesem Grund erwägen, Frieden zu

schließen; dabei bedeutet dies nicht, dass man die damaligen Taten gutheißt. Frieden zu schließen ist auch einseitig nur von Ihnen möglich, wenn die Eltern das nicht wollen – oder nicht mehr können, weil sie beispielsweise schon verstorben sind.

8. Falls es Verwandte gibt: »*Wie geht es dir, wenn du an die übrigen Verwandten denkst – und warum?*« Wie in Frage 7 ausgeführt, sollten Sie auch hier aufmerksam sein, wenn die Antworten erhebliche Abwehr zum Ausdruck bringen.

9. Falls Ihnen nahestehende Personen bereits gestorben sind: »*Wie ist dir zumute, wenn du an bereits Verstorbene denkst – und warum?*« Hier ist anzumerken: Wenn sich problematische Gefühle äußern, dann gilt, dass sich durch den Tod eines Menschen vielleicht einige äußere Probleme lösen können, aber nie innere, psychische.

10. Falls Sie ein Haustier haben: »*Was empfindest du gegenüber dem Haustier – und warum?*« Haustiere sind gar nicht so selten Partnerersatz oder auch Kindersatz. Im ersten Fall gibt man die Liebe, die man dem Partner vorenthält, dem Haustier. Ist das Tier Kindersatz, behandelt man es vielleicht wie leibliche Kinder, wobei oft keine artgerechte Tierhaltung herauskommt. – Und das betreffende Haustier ist natürlich wieder ein Spiegel für das eigene Innere Kind.

11. Falls Sie oder Ihr Partner oder Kind eine Krankheit oder ein Handikap haben beziehungsweise hat: »*Was fühlst du gegenüber deiner Krankheit oder*

deinem Handikap (oder: gegenüber der Krankheit oder dem Handikap deines Partners oder Kindes) – und warum?«

12. *»Gibt es etwas in meiner eigenen Vergangenheit oder der Familiengeschichte, das eigentlich ausgeblendet wird, so dass darüber auch nicht gesprochen werden soll? Wenn ja: Wie fühlt sich das an?«* Die Liste möglicher Altlasten in Familien ist lang. Zu denken wäre da zum Beispiel an verschwiegene Familienmitglieder, peinliche Krankheiten, Erlebnisse im Krieg, NS-Vergangenheit, ein verschwiegener Selbstmord.

Abschließende Bemerkung

Wenn bei diesen geschlossenen Fragen keine Antworten kommen, muss das nicht unbedingt heißen, dass das Innere Kind dazu gar nichts zu sagen hat. Vielmehr hat es *zum jetzigen Zeitpunkt* nichts dazu zu sagen, aber vielleicht ist das in einem Jahr oder in zwei Jahren anders?

Deswegen sollte man in Jahresabständen wieder die gleichen Fragen stellen und so eine neue Bestandsaufnahme machen. Dann kann man auch sehen, wo und wie man sich in der Zwischenzeit entwickelt hat.

Schreiben und heilsamer Umgang mit dem Inneren Kind – ein »Kochbuch«

Vorbemerkungen

Wie bei einem echten »Kochbuch« sollte man in den ersten Monaten absolut streng nur »nach Rezept kochen«. Denn wenn Dialoge nicht klappen, liegt es meistens daran, das die Teilnehmer sich nicht an das »Kochbuch« gehalten haben. Ich empfehle Ihnen, erst nach Ablauf eines halben Jahres, in dem Sie viel Dialogschreiben erfahren haben, vielleicht andere »Gerichte« zu »kochen«.

Innere Kinder reagieren durchaus genauso wie reale, leibhaftige Kinder. Kein Wunder, denn das Innere Kind ist ja die Erinnerung an früher, als man Kind war!

Also stellt sich die Frage, wie wir als gute Eltern mit unseren realen Kindern umgehen würden, wenn sie zum Beispiel Angst haben.

Nehmen wir an, unser Dreijähriger kommt abends an und weint: *»Ich habe solche Angst, da ist ein Tiger unter meinem Bett!«* Vorausgesetzt, dass dies kein Vorwand ist, um länger aufbleiben zu dürfen, würden wir uns so verhalten: Wir würden unser Kind sicherlich auf den Arm nehmen, es trösten und ihm gut zureden, und dann würden wir etwas unternehmen.

Genau die gleichen Schritte sind auch für das Innere Kind notwendig. Also macht es Sinn, zunächst das Kind genau in den Blick zu nehmen, dann die Realität und schließlich die Zukunft. Im Folgenden erfahren Sie, wie Sie dabei vorgehen können.

1. Blick auf das Kind

Zuerst sollten wir als Erwachsene immer auf das für ein Kind Wichtigste eingehen, nämlich auf das Gefühl. Also: Im Blick ist zunächst ausschließlich das Innere Kind.

Beim Schreiben könnte dieser Schritt durchaus mehrere Minuten dauern. Und wenn Sie dann die Gefühle des Kindes auch fühlen, also zum Beispiel Angst mitempfinden, dann kann dieser Schritt vielleicht auch eine Viertelstunde oder länger benötigen.

Das Gefühl des Kindes herausfinden

Wenn das Kind kein Gefühl direkt äußert, dann muss man zuerst das zugrunde liegende Gefühl herausfinden. Denn Kinder bestehen praktisch nur aus Gefühlen!

Um das Gefühl herauszufinden, kann man einfache Sätze schreiben, zum Beispiel: *»Wie geht es dir?«* Oder man kann auch Gefühle als Vermutung nennen, zum Beispiel: *»Bist du fröhlich?«* Das ist insbesondere hilfreich, wenn die Abwehr auf die Eingangsfrage nach dem Befinden antwortet, die dann nur den Erwachsenen zufriedenstellen will.

Auf solche Vermutungen bekommt man meist eine Antwort – entweder eine klare Bestätigung, zum Beispiel: *»JA!!«*, oder eine vage Antwort wie: *»Ja, geht so!«* In dem Fall sollte der Erwachsene mit einer weiteren Vermutung nachhaken, zum Beispiel: *»Das hört sich gar nicht so fröhlich an. Hast du Angst?«* Wird das bestätigt, durch Worte oder durch Weinen, dann ist man am Gefühl.

Wenn das Gefühl des Kindes bekannt ist

Oft wird das Gefühl gleich geäußert. Dann kann man beispielsweise das Kind ermuntern, mehr darüber zu schreiben. Und das geht am einfachsten mit der Aufforderung: *»Sag mehr über deine Angst!« (deinen Schmerz/deine Wut/…)*

Dabei ist es sinnvoll, das zuvor genannte Gefühl des Kindes einfach zu wiederholen. Es sollte nicht interpretiert werden.

Auch nicht hilfreich wären Fragen wie: *»Was für eine Angst?«* Oder: *»Warum hast du Angst?«* Denn die meisten so genannten W-Fragen wenden sich an den Verstand, der darüber nachdenken soll, um welche Angst es sich handelt. Und darauf hat das Kind meist gar keine Antwort, und deshalb wird es vielleicht sogar bockig. In jedem Fall aber entfernt es sich von seinem Gefühl und landet im Kopf! Und das bedeutet Abwehr.

Deshalb gilt sozusagen als Standardsatz für das Nachhaken: *»Sag mehr über ... !«*

Wenn das Kind dann mehr von seinem Gefühl erzählt ...

... dann sollte der Erwachsene das Gefühl annehmen, es würdigen, es bestätigen. Das heißt: sich in das Gefühl des Kindes einfühlen und mit Worten Mitgefühl und Verständnis äußern.

Ein Gefühl hat nämlich immer eine Berechtigung. Diese wird meistens nicht in der Gegenwart zu suchen sein, sondern kann durchaus aus einer längst schon vergangenen Situation stammen. Aber es ist immer berechtigt. Also geht es weiterhin nur darum, das Kind genau in den Blick zu nehmen.

Demnach sind Sätze wie *»Das muss sich ganz schlimm anfühlen, wenn man solche Angst hat!«* oder *»... wenn man glaubt, dass da ein Tiger unter dem Bett ist!«* angebracht oder auch einfach: *»Ich sehe deine Angst!«* Diese Sätze sollten vom Erwachsenen geschrieben werden.

Zur Verdeutlichung: Man bestätigt dadurch nicht den Glauben, dass da – um im Beispiel zu bleiben – ein Tiger unter dem Bett ist; das können wir ja zumindest

in unseren Breiten nicht guten Gewissens anerkennen.
Aber man erkennt das Gefühl an.

Und spätestens dann sollte der Erwachsene dem Kind
zusätzlich gefühlsmäßigen Schutz, Trost und vor allem
Liebe geben, also auch ohne Worte »zupacken«.

Das heißt, Sie können dem Kind schreiben und/oder
sich in Ihrer Fantasie vorstellen, dass Sie das Kind in
den Arm nehmen und ihm zu dem betreffenden Gefühl
etwas Hilfreiches sagen, zum Beispiel: *»Komm, wir gehen an den Sicheren Inneren Ort, weil du da ganz sicher und geborgen bist!«*

Vor allem sollte der Erwachsene sagen, dass er das
Kind lieb hat oder liebt. Denn das ist für das Kind das
Allerwichtigste. Damit nimmt der Erwachsene mehr
und mehr den Platz der einstigen Eltern ein, und das
gilt es natürlich zu erreichen!

Denn damals als Kinder waren wir ja noch völlig
von den Eltern abhängig, mit Leib und Leben. Das
war damals naturgemäß so. Wir Kinder wandten uns
mit allen unseren Wünschen und Bedürfnissen nach
außen, zu den Eltern oder sonstigen Erwachsenen hin.

Unsere Inneren Kinder hingegen sind ausschließlich von uns selber, dem Erwachsenen, abhängig. Das
Innere Kind muss also umlernen: von seiner einstigen natürlichen Haltung, die nach außen gerichtet war,
zu einer nach innen gerichteten, zu mir hin. Demzufolge sind Sätze wie *»Ich habe dich lieb!«* Gold
wert.

Natürlich kann auch die Reihenfolge vertauscht

werden, zum Beispiel erst das Kind in den Arm nehmen und dann Worte des Mitgefühls finden.

Der Erwachsene sollte generell auf positive Formulierungen achten, statt Verneinungen zu gebrauchen. Es ist also hilfreicher zu sagen *»Du bist sicher!«* als *»Du brauchst **keine** Angst zu haben!«* Sonst würde nämlich die Aufmerksamkeit auf die Angst gerichtet werden.

Zwischendurch sollte immer wieder das Kind gefragt werden, wie es ihm geht: *»Wie geht es dir auf meinem Schoß?«* Damit finden Sie heraus, ob Sie wirklich das Kind richtig verstanden haben, ob Sie wirklich bei ihm sind.

Bedenken Sie hierbei: Die uns am meisten nahestehende Person heute als Erwachsener ist in der Regel unser Partner oder bei Singles der Partner, der mehr oder weniger bewusst in der Vorstellung existiert. Wenn wir also (noch) nicht diesen Schritt gelernt haben, dass unser Kind sich zuallererst nach innen an unseren erwachsenen Teil wenden muss, werden wir uns stattdessen wie von Kindheit an gewohnt mit all unseren Wünschen und Bedürfnissen an den Partner wenden. Mit schwerwiegenden Folgen: Der Partner kommt in eine Rolle, die er niemals ausfüllen kann, nämlich in eine Elternrolle.

2. Blick auf die Realität

Erst dann, wenn Sie durch den genauen Blick auf das Kind wirklich bei dem Kind sind, können Sie dem Kind eine hilfreiche andere Sichtweise zeigen. Also erst danach wendet sich der Blick auf die Realität.

Der Satz des Erwachsenen beginnt nun meistens mit einem »Aber«: *»Aber sieh mal: Eigentlich gibt es keine Tiger hier. Und denk dran: Du bist bei mir ganz sicher, ich beschütze dich!«* Hängt man dann noch die Frage *»Wie ist das für dich?«* an, dann vergewissert man sich, dass man nahe bei dem Kind bleibt.

Vielleicht legt das Innere Kind aber noch einmal nach: *»Aber ich habe doch solche Angst!«* Dann müssen Sie wieder von vorne beginnen: es trösten, einfühlsame Worte wählen usw.

Wenn das Innere Kind sich mit einem Gefühl meldet, das aus der Vergangenheit stammt, dann lautet dieser Schritt in die Realität: *»Aber sieh mal: Das ist schon lange, lange her. Heute ist das anders, denn …«* Und dann natürlich: *»Wie geht es dir damit?«*

Es kann aus der Erfahrung der Praxis nicht genügend betont werden, dass jedoch der »Blick auf das Kind« immer zuerst kommen muss, wenn die Dialoge gelingen sollen. Vielleicht sollten Sie in der Anfangszeit auch den Schritt in die Realität nur andeuten und stattdessen noch beim ersten Schritt, beim »Blick auf das Kind« verweilen? – Probieren Sie aus, was in Ihrem Fall sinnvoll ist.

Gar nicht so selten sagt man sich stattdessen: *»Das ist schon soooo lange her! Das muss doch mal endlich abgehakt sein!«* Dann wird das Kind trotzig oder es resigniert, weil es das allzu Gewohnte gerade wieder einmal erleben musste, nämlich die Mauer der Abwehr. Die im Klartext ja sagt: *»Inneres Kind, halt die Klappe!«* – Wir tun gut daran, wenn wir da über uns selbst erschrecken.

Wenn das Innere Kind Recht hat mit dem, was es im ersten Schritt sagt, wenn sein Empfinden der Realität entspricht, dann entfällt natürlich dieser Schritt.

3. Blick auf die Zukunft

Als letzten Schritt sollten wir sagen, was wir als der Erwachsene nun und in Zukunft unternehmen werden, um die Situation zu ändern und so dem Kind beizustehen. Bei unserem Beispiel: *»Wir werden jetzt einmal hinaufgehen und nachsehen, ob da ein Tiger unter dem Bett ist. Und ich werde dich beschützen!«*

Außerdem sagen wir dem Inneren Kind für die Zukunft: *»Immer wenn du eine solche Angst wieder haben solltest, dann erzähle es mir sofort, dann werde ich dich trösten und auf den Arm nehmen!«* Dieser Schritt ist unerlässlich, weil es dem Inneren Kind Sicherheit für die Zukunft gibt.

Und natürlich fragen Sie wieder, wie bei jedem Schritt, nach: *»Wie geht es dir damit?«*

Übersicht: Man nehme also ...

Ich lege Ihnen dringend ans Herz, die folgende Zusammenfassung der Vorgehensweise beim Schreiben mit dem Inneren Kind immer neben sich zu legen und sich daran zu halten. Erfahrungsgemäß klappen die Dialoge, wenn Sie anhand dieser »Rezeptur« geführt werden, gut – und bedeutend besser als ohne.

Vorgehensweise beim Schreiben mit dem Inneren Kind: Man nehme also ...

1. Blick auf das Kind

- Das Gefühl des Kindes herausfinden: Dies ist der erste Schritt, wenn das Kind noch kein Gefühl genannt haben sollte. Es geschieht durch direktes Fragen oder indem Sie eine Vermutung äußern.
- Wenn das Gefühl des Kindes bekannt ist: Ermuntern Sie es, mehr darüber zu sagen: *»Sag mehr über deine Angst/deinen Schmerz/...«*
- Wenn das Kind dann mehr von seinem Gefühl erzählt: Nehmen Sie das Gefühl an, würdigen Sie es und bestätigen Sie es – mit Worten. Geben Sie dem Kind ebenso gefühlsmäßigen Schutz, Trost und Liebe, ohne Worte. (Die Reihenfolge mit Worten – ohne Worte spielt keine Rolle.)

Fragen Sie das Kind zwischendurch immer wieder, wie es ihm geht. Verwenden Sie bei Erlaubnissen und Nachfragen positive Formulierungen.

2. Blick auf die Realität

- Bei gegenwärtigen Gefühlen: *»Aber sieh mal: ...«*
- Bei vergangenen Gefühlen: *»Aber sieh mal: Das ist schon lange her. Heute ist das anders, denn ...«*
- Und dann natürlich: *»Wie geht es dir damit?«*

Schritt 2 entfällt, wenn das Kind im ersten Schritt ein Gefühl zeigt, mit dem es Recht hat beziehungsweise das der Realität entspricht.

3. Blick auf die Zukunft

- Was wir als Erwachsene nun und in Zukunft unternehmen werden, um die Situation zu ändern und so dem Kind beizustehen: *»Wir werden jetzt ...«*
- Und zum Inneren Kind: *»Immer wenn du ... wieder haben solltest, dann erzähle es mir sofort, dann werde ich dir beistehen.«*
- Fragen Sie wie immer nach: *»Wie ist das für dich?«* / *»Wie fühlst du dich?«*
- Und dann lassen Sie dem Inneren Kind das letzte Wort.

Was Sie sonst noch beachten sollten

Der Erwachsene sollte immer nur maximal ein bis zwei Sätze schreiben. Andernfalls könnte sich das Innere Kind bedrängt und überrannt fühlen und sich anpassen. Und dann ist der Erwachsene vielleicht schon gar nicht mehr ein erwachsener Teil, sondern hat sich in die Abwehr verwandelt.

Das letztliche Ziel ist der Schmerz. Denn der stand damals am Anfang. Im Laufe der Zeit sollte man immer zum Schmerz gelangen. Das braucht aber durchaus eine Weile. Vielleicht Wochen, vielleicht gar Monate. Jeder Mensch ist da natürlich sehr unterschiedlich, und ebenso unterschiedlich sind die Themen. Geduld!

Erlaubnisse von Erwachsenen sind für reale Kinder immer hilfreich – und demzufolge natürlich auch für Innere Kinder. Insbesondere wenn man etwas von den Eltern übernommen hat, das man inzwischen als Erwachsener anders sieht, sollte man Erlaubnisse formulieren. Diese sind bei Geboten oder Verboten der Eltern genauso wirksam wie bei Verhaltensweisen, die man einfach nur übernommen hat. Erlaubnisse können Sie beispielsweise so geben:

Erwachsener: »*Mama hatte das früher anders gesagt /getan. Aber es ist o.k., wenn wir stattdessen … tun. Denn inzwischen bin ich ja für dich zuständig.*«

Verwenden Sie dabei bitte wie immer positive Formulierungen. Vermeiden Sie also Verneinungen wie »*nicht*«, »*keine*«.

Anschließend ist wieder eine Vergewisserung wie »*O. k.?*« angebracht, damit Sie möglichst dicht am Kind bleiben und möglichen Einwänden *(»Aber …!«)* begegnen können.

Wenn sich das Innere Kind über den Erwachsenen beschwert: Besonders in der Anfangszeit kommt es häufig vor, dass sich das Innere Kind beklagt, wo denn der Erwachsene die ganze Zeit über gesteckt habe? Möglicherweise greift das Innere Kind den Erwachsenen sogar an, beleidigt oder beschimpft ihn. Kurzum: Es macht seinem Herzen so richtig Luft.

Vielleicht hat dann der Erwachsene den Impuls, sich zu rechtfertigen oder zu verteidigen, zum Beispiel mit Einwänden wie: »*Aber wir haben doch …*« Unversehens hat sich dann der Erwachsene in einen Kind-Teil verwandelt! Nur ein Kind müsste sich rechtfertigen oder verteidigen. Ein Erwachsener hingegen kann durchaus zu dem stehen, was er gemacht hat – und sei es noch so schwierig!

In diesem Fall: Wir sollten ohne Beschönigungen zugeben, dass das Innere Kind Recht hat. Und wahrscheinlich müssten wir zudem schreiben, wie leid es uns tut!

Dann – aber auch erst dann! – sollten wir nachfragen, in welchen Situationen das Innere Kind sich *so ähnlich gefühlt hat* wie eben, zum Beispiel ähnlich wütend.

Denn gemäß dem schon zitierten Satz von Alice Miller, dass wir uns als Erwachsene ebenso behandeln, wie wir als Kind behandelt worden waren, muss es solche Erfahrungen schon in der Kindheit gegeben haben. So gelangt man zum eigentlichen, nämlich tiefer liegenden Thema. Nun gilt es wieder, sich verständnisvoll in das Kind einzufühlen und den »*Kochbuch*«-Weg zu gehen, wie oben beschrieben.

Wenn man als Erwachsener mal nicht weiter weiß: Es versteht sich eigentlich von selbst, dass man das ganz ehrlich zugeben sollte. Zwischen Erwachsenem und Innerem Kind besteht nämlich kein Datenschutz! Das heißt: Das Innere Kind merkt es sowieso …

Und holen Sie sich auf keinen Fall Rat beim Inneren Kind. Denn das würde eine schädliche Rollenumkehr bedeuten. »Herr im Hause« ist der Erwachsene und er muss es bleiben. Sollte sich dieser allerdings dauerhaft nicht kompetent genug fühlen, dann ist es auch kaum ein erwachsener Teil. Hier empfiehlt es sich möglicherweise, professionelle Hilfe, beispielsweise therapeutische Unterstützung zu suchen oder einen Innere-Kind-Kurs zu belegen.

Möglicherweise könnte das Innere Kind willig Auskünfte geben, wenn man nicht dem wohlwollenden Berater, der Abwehr, auf den Leim geht …

Wenn alles sich etwas hölzern anfühlt: Typisch für die Anfangszeit ist der Eindruck, dass die Dialoge sich »künstlich«, »fremd« oder »hölzern« anfühlen. Wir ahnen vielleicht, dass da noch viel mehr Gefühle hinter der Abwehr stecken. Und unser Gefühl ist in der Regel zutreffend. Da sind noch mehr Gefühle. Die können sich im Laufe der Zeit noch zeigen. Aber eben: im Laufe der Zeit, nicht alle auf einmal!

Heilung geschieht ja nicht auf einmal, sondern nach und nach, sozusagen scheibchenweise: wieder ein kleines »Scheibchen« Heilung, und dann mal wieder eins – usw. Insofern können wir unserem Inneren Kind gut Rückmeldung geben, dass es richtig gefühlt hat, und dann nach der im »Kochbuch« beschriebenen Vorgehensweise weiter verfahren.

Eine *»Heilung ein für alle Mal«* gibt es nicht. Immer wieder werden uns die gleichen Themen begegnen. Aber das ist mit einer Bergbesteigung vergleichbar. Wir steigen immer höher – aber da sind immer die gleichen Dörfer im Tal. Stimmt, aber wir besehen sie von einer immer höheren Warte aus! Also: Wir verändern uns durchaus, das Ganzwerden schreitet voran – die Themen werden jedoch ähnlich bleiben.

Ein anderer Grund für ein möglicherweise hölzernes Gefühl am Anfang ist nahezu natürlich: Erinnern Sie sich noch daran, wie es sich angefühlt hat, als Sie Ihre erste Fremdsprache lernten? Da war das Lernen anfangs sicher ähnlich hölzern oder künstlich. Aber allmählich übten Sie, mit der ungewohnten Sprache umzugehen, bis Sie sie mehr oder weniger fließend sprachen oder zumindest recht viel verstanden und sich auch verständlich machen konnten oder Sie sogar so weit Fortschritte machten, dass Sie manchmal in der Fremdsprache träumten.

Das ist vergleichbar mit dem Dialogschreiben. Bis sich das eingespielt hat, kann schon eine gewisse Zeit vergehen. Aber es wird früher oder später zu einer festen Gewohnheit werden.

Und das Gute ist: Wir müssen ja gar keine Fremdsprache lernen, sondern – um im Bild zu bleiben – uns nur unsere Muttersprache wieder aneignen. Unser Urzustand war ja die Verbundenheit von Innerem Kind und Erwachsenem. Es ist gewissermaßen eine Rückkehr zum Urzustand, je mehr wir wieder zu innerer Einheit finden.

Wenn man auf einmal recht müde wird: Im Allgemeinen und besonders in der Anfangszeit sollte man so oft wie möglich mit dem Inneren Kind schreiben. Bei jemandem, der genügend Zeit hat, würden sich vielleicht 10 Minuten pro Tag anbieten. Ein guter Rhythmus für Menschen, die weniger Zeit einsetzen wollen, ist zwei bis dreimal in der Woche je eine Viertelstunde. Aber auch wenn es beispielsweise nur einmal in der Woche möglich ist zu schreiben, kann das Innere Kind sich darauf einstellen. Noch seltener sollte Dialogschreiben allerdings möglichst nicht erfolgen.

Am förderlichsten dabei ist ein regelmäßiger Rhythmus. Denn Kinder lieben Regelmäßiges, lieben Rituale.

Wenn man dann beim Schreiben ist und auf einmal recht müde wird oder das dringende Bedürfnis hat, erst einmal noch einen Tee zu trinken oder anderen Ablenkungen nachzugeben, dann könnte sich die Abwehr eingeschaltet haben. Denn die ist sehr pfiffig, mitunter gar gerissen. In solch einem Fall sollten Sie nachfragen: *»Abwehr, warum hast du dich eingeschaltet?«* Oder verhandeln Sie, zum Beispiel: *»Abwehr, was müsste ich tun, damit du mich mit dem Inneren Kind schreiben lässt?«*

Ähnliches kann natürlich geschehen, wenn man schließlich »einfach keine Zeit mehr findet«, um dem Inneren Kind zu schreiben. Wenn das wirklich nur vorübergehend ist, dann ist es so, wie es ist, und es geht nach dieser Zeit weiter. Wenn das aber zu einem Dauerzustand wird, dann kann man mit ziemlicher Sicherheit sagen, dass die Abwehr wieder alles bestens erledigt und die Gefühle wieder unter Kontrolle hat. – Sie sollten bewusst abwägen: Will ich wirklich auf dem Weg mit dem Inneren Kind gehen? Ihrer Antwort gemäß werden Sie dann Ihre Prioritäten setzen. Da hilft nur Disziplin; was anderes kann ich Ihnen leider nicht anbieten.

Wenn das Innere Kind ziemlich altklug daherredet, dann sollte man sich fragen, ob man selbst vielleicht in der Kindheit schon so ähnlich geredet hat. Viele Kinder mussten sich nämlich bereits damals als eine Art kleiner Erwachsener verhalten und auch so sprechen. Sei es, dass sie dadurch Zuwendung bekamen, sei es, weil sonst kein Erwachsener verfügbar war.

Obwohl das in solchen Fällen in vergangener Zeit authentisch war, ist das heute als Abwehr zu sehen. Denn schon damals hatte das Kind seine eigenen Gefühle hintanstellen müssen. Und das sollte nun nicht fortgesetzt werden! Vielmehr sollte das Innere Kind im Laufe der Zeit wieder lernen zu spielen, albern zu sein und kindgemäß zu handeln und zu reden.

Wenn die Abwehr kategorisch in Du-Ansprache schreibt, zum Beispiel *»Du bist ein böser Junge, wenn du solche Gedanken hast!«* oder *»Du taugst nichts!«*, dann sind das meistens die Inneren Eltern. Die Abwehr allein hingegen pflegt eher in Ich- oder in majestätischer Wir-Form zu schreiben, zum Beispiel: *»Wir wollen solche Gedanken mal lieber nicht denken!«*

Wer dahinter steckt, können Sie herausfinden, indem sie sich fragen, zu wem in Ihrer Kindheit solch ein Stil passen würde. Oder fragen Sie einfach nach: *»Abwehr, bist du das, oder bist du meine Innere Mutter/mein Innerer Vater?«*

Die Inneren Eltern sind meist unter der Abwehr verborgen. Und dann bekommt man ihre Botschaften meist gar nicht mit, sondern erlebt daraufhin nur eine Reaktion des Inneren Kindes. Denn das Innere Kind ersinnt wieder – mithilfe der Abwehr – einen cleveren Weg, um mit den elterlichen Ge- und Verboten irgendwie klarzukommen, zum Beispiel durch Anpassung, Resignation oder auch Rebellion.

Obwohl sowohl die Inneren Eltern als auch die Abwehr Sie einschränken können, sollten Sie doch beide unterscheiden. Denn das Innere Kind sollten Sie stets in allen Teilen integrieren und lieben, hingegen müssen Sie die Inneren Eltern keineswegs integrieren oder lieben! Denn die elterlichen Gebote kommen ja von außen, sind also gewissermaßen Fremdkörper. Nur Eigenes sollten Sie integrieren.

Wenn es gegen die Inneren Eltern geht, wie hier anschließend beispielsweise gegen die Innere Mutter, dann können Sie folgendermaßen verfahren:

Stellen Sie sich in Ihrer Fantasie vor, dass Sie sich selbst als der Erwachsene entweder neben das Innere Kind stellen oder zwischen das Kind und die Mutter, gewissermaßen als Puffer. Dann gibt es mehrere Möglichkeiten:

▪ Sie als Erwachsener wenden sich Ihrem Inneren Kind zu, ignorieren die Mutter und trösten, stärken, unterstützen das Kind.

Sie können sich beispielsweise vorstellen, dass Sie das Kind aus der Situation herausnehmen und mit ihm weggehen, zum Beispiel an den Sicheren Inneren Ort.

▪ Oder Sie ignorieren die Mutter nicht und setzen sich mit ihr auseinander. Das Innere Kind sollte nicht dabei beteiligt werden. Vielmehr sagen Sie als der Erwachsene beispielsweise: *»Deine Zeit mit deiner Erziehung ist schon lange vorbei. Ich bin jetzt zuständig für mein Inneres Kind!«*

▪ Oder Sie machen kurzen Prozess und wenden als der Erwachsene den so genannten »Zauberspruch« an: *»Mutter, halt die Klappe!«*

Dieser Zauberspruch geht zurück auf Eric Berne, den Begründer der Transaktionsanalyse. Er kann natürlich auch in abgemilderter Form eingesetzt werden, etwa: *»Ich habe zwar gehört, was du gesagt hast, aber ich werde mich anders entscheiden, als du es willst.«* Dabei sollten Sie aber wie immer auf positive Formulierungen achten.

Wie auch immer formuliert, kann die vielleicht dann folgende Auseinandersetzung durchaus auch Kampfcharakter annehmen, denn nicht alle Mütter und Väter räumen gleich das Feld! In dem Fall sollte der Erwachsene beharrlich und standhaft bleiben nach dem Motto: *»Stetiger Tropfen höhlt die Mutter …!«*

Wenn Sie sich so gegen die Inneren Eltern gewandt haben, müssen Sie sich schnellstmöglich wieder um Ihr Inneres Kind kümmern. Denn das Innere Kind hat ja erlebt, dass gerade etwas gegen ein Inneres Elternteil gesagt worden ist. Und das kann das Kind unter Umständen sehr irritieren. Also: *»Hallo mein liebes Inneres Kind, wie geht es dir?«* Wenn die Antwort dann lautet: *»Mir geht es prima!«* oder gar bewundernd: *»Das hast du Klasse gemacht!«*, dann ist alles bestens.

Wenn aber etwas wie *»Ich habe Angst!«* kommt, dann müssen Sie natürlich die im »Kochbuch« beschriebenen Schritte anwenden: Schutz geben, trösten usw. Und ihm immer wieder versichern: *»Ich bin bei dir! Du bist ganz sicher! ICH als Erwachsener bin nämlich jetzt für dich zuständig; die Eltern sind nur früher zuständig gewesen!«* Denn Sie können keine Erinnerung des Gehirns, keine Erinnerung des Inneren Kindes jemals wieder löschen; Sie können nur Positives dagegensetzen. Und wenn Sie derart Aufbauendes wie eine erfolgreiche Abgrenzung von einem Inneren Elternteil regelmäßig üben, dann wird das Gehirn im Laufe der Zeit immer häufiger auf die neuen Bahnen umschalten.

Solche Konflikte mit den Inneren Eltern sollte man – wenn irgend möglich – mehr und mehr auflösen. Der Weg ist: Zuerst ist ein inneres Abgrenzen notwendig, damit man so eine Basis für den erwachsenen Teil und für das Innere Kind erschafft. Vielleicht kann man dann im Laufe der Zeit eine Annäherung und gar eine Aussöhnung mit den Inneren Eltern zuwege bringen. Das kann aber mitunter viele, viele Briefe erfordern. Aber es würde sich natürlich lohnen, denn viel seelische Energie würde so frei werden können.

Ein Nebeneffekt von Auseinandersetzungen mit den Inneren Eltern ist, dass zu den realen Eltern dann oft ein besseres Verhältnis gelingen kann. Das ist gar nicht verwunderlich. Hat man sich schon seinen Inneren Eltern mehr und mehr annähern können, dann ist man auch entsprechend innerlich freier. Und so kann man auch mit den realen Eltern zumindest entspannter umgehen.

Wenn ein Gefühl des Inneren Kindes sich auf verschiedene Ebenen bezieht: Ein einziges Gefühl kann sich auf eine gegenwärtige Situation beziehen, aus früheren Situationen stammen, zum Beispiel aus der gemeinsamen Geschichte als Paar, oder in der Kindheit erlebt worden sein. Oder das Gefühl beruht, wie meistens, auf allen drei Ebenen. Das heißt: Etwas Gegenwärtiges stößt ein ähnliches Gefühl aus der jüngeren Geschichte wie auch aus der ganz weit zurückliegenden Vergangenheit an. Denn wenn jemand sowohl in einer gegenwärtigen Situation als auch beispielsweise »schon immer in der Partnerschaft« solch ein problematisches Gefühl hatte, muss das auf einer Kindheitssituation fußen. Denn niemand würde sich über längere Zeit problematische Gefühle in einer Partnerschaft gefallen lassen, es sei denn, entsprechende Kindheitserfahrungen liegen zugrunde.

So kann der Satz vom Inneren Kind »Ich bin wütend!« sich beispielsweise beziehen

- auf den Partner: »Ich bin ärgerlich auf meinen Partner, weil er mich eben noch nicht mal richtig begrüßt hat!«
- auf den Partner aufgrund der gemeinsamen Geschichte: »So oft schon hat er mich nicht beachtet!«
- auf die Eltern aus früheren Erfahrungen: »Ich bin als Kind oft nicht beachtet worden; ich als die Älteste musste immer nur ›vernünftig‹ sein.«

Wenn Gefühle aus der Gegenwart und aus der Vergangenheit stammen, dann sollten Sie folgendermaßen vorgehen: Bleiben Sie zuerst immer beim Gefühl beziehungsweise beim Inneren Kind, nehmen Sie es also an, würdigen Sie es und geben Sie dem Kind gegebenenfalls gefühlsmäßigen Schutz. Machen Sie dies nacheinander jeweils für die Gegenwart, dann für die jüngere Vergangenheit und schließlich für die Kindheit.

Gehen Sie anschließend Schritte 2 und 3 mit dem Inneren Kind, nehmen Sie die Realität und die Zukunft in den Blick, und zwar jeweils für die Kindheit, die jüngere Vergangenheit und zuallerletzt für die Gegenwart.

Wenn man sich früher als Kind oftmals sehr anstrengen musste, streikt das Innere Kind heute vielleicht schnell, zum Beispiel: »*Ich will mich nicht schon wieder anstrengen und alles machen müssen!*« Das kann sich durchaus auch auf die Arbeit beziehen, mit der Sie sich Ihren Lebensunterhalt verdienen. Die Weigerung des Kindes wäre ja zwar verständlich, aber für Ihr Leben eine große Belastung und Behinderung.

Sie müssten, wenn dies bei Ihnen der Fall ist, also das Innere Kind entlasten – zum Beispiel, indem Sie ihm deutlich machen: »*Ich als **Erwachsener** mache meine Arbeit! **Du** kannst gern spielen/dich ausruhen/…!*«

Das ist eine notwendige Klarstellung. Denn es wird immer wenn das Innere Kind meint, bei Ihrer Erwerbsarbeit oder Hausarbeit mitmachen zu müssen, stressig. Dann ist man vielleicht schnell ermüdet oder gar ausgelaugt. Oder Sie fühlen sich vielleicht erschöpft, wenn das Innere Kind abgeschnitten wurde, beispielsweise wenn man nur »im Kopf« ist.

Bei Berufen, die eine Mitarbeit des Inneren Kindes erfordern, wie bei Künstlern, Architekten, Schauspielern etc., ist es vielleicht gerade umgekehrt. Wenn das Innere Kind nicht mitarbeitet, wird es bei der Arbeit anstrengend. Das liegt daran, dass das Innere Kind Spaß daran hat, mitzumachen. Und wenn dann das

Kind aus irgendeinem Grund nicht teilhaben würde, dann verliert man den Spaß und die Energie.

Eine Standard-Frage des Erwachsenen beim freien Schreiben sollte lauten: »*Wie alt bist du gerade?*« * Stellen Sie diese Frage anfangs, aber auch zwischendurch hin und wieder, weil Sie sich dann besser auf das jeweils antwortende Innere Kind einstellen können.

Und wenn Sie eine Ahnung beschleicht, dass mit den momentanen Gefühlen des Inneren Kindes vielleicht etwas gar nicht stimmen könnte, sollte man auch diese Frage vorlegen: »*Liebes Inneres Kind, sind das deine eigenen Gefühle?*« Denn Innere Kinder übernehmen durchaus auch Gefühle von anderen, insbesondere von Erwachsenen.

Wie Sie mit derartigen von außerhalb kommenden Gefühlen umgehen können, können Sie oben in dem Abschnitt »Wenn es gegen die Inneren Eltern geht« nachlesen (siehe Seite 127).

Das eigentliche Ziel der Inneren-Kind-Arbeit ist, *ganz* **in die Gegenwart zu kommen.** Es geht darum, jegliche Anhaftungen an Vergangenes loslassen zu können. Denn nur in der Gegenwart können wir leben. Die Zukunft ist noch nicht da, die Vergangenheit schon vergangen – also bleibt nur die Gegenwart als unser einziger Lebensraum.

Das freie Schreiben mit dem Inneren Kind

Vorbereitung und Einstieg

Die Vorbereitungen, die Sie vor dem freien Schreiben mit Ihrem Inneren Kind treffen sollten, sind ähnlich wie die, die Sie trafen, bevor Sie die angeleiteten Schreibübungen machten (siehe Seite 78).

- Suchen Sie sich bitte einige Kindheitsfotos heraus und stellen Sie diese auf. Sie können dazu verhelfen, sich besser in das Innere Kind hineinzuversetzen.
- Machen Sie dann eine von den Übungen zur Stärkung des Erwachsenen, siehe ab Seite 56.

Nun können Sie loslegen und schreiben:

- Greifen Sie eine der Fragen aus den angeleiteten Schreibübungen auf (ab Seite 69), bei denen es Widersprüche oder Unklarheiten gegeben hatte, die Sie gerne aufklären wollen.
- Oder schreiben Sie einfach: *»Hallo liebes Inneres Kind, wie geht es dir?«* oder Ähnliches. Darauf kommt meistens in irgendeiner Form eine Antwort.
- Falls sich partout keine Antwort einstellen sollte, können Sie die Abwehr direkt anschreiben, also:

133

»Hallo Abwehr, warum hast du dich eingeschaltet?«
oder mit ihr verhandeln: *»Hallo Abwehr, was müsste
ich tun, damit du mich mit dem Inneren Kind schreiben lässt?«*

Vielleicht gefällt es der Abwehr, wenn Sie sie und ihren Einsatz würdigen, sich also in Erinnerung rufen,
was sie Ihnen in der Vergangenheit Gutes getan hat.
Dann können Sie zum Beispiel schreiben: *»Damals
musstest du, Abwehr, dich dauerhaft einschalten,
weil die Gefühle zu stark waren. Aber jetzt bin ich
erwachsen, jetzt ist das anders!«*

Vielleicht können Sie auch eine weitere Übung zur
Stärkung des Erwachsenen durchführen, gegebenenfalls auch in den folgenden Tagen immer wieder, bis
es klappt und man dann schreiben kann. Also in sol-
chem Fall gilt: durchhalten und weitermachen!

■ Gehen Sie, wenn Sie eine Antwort erhalten haben,
weiter nach »Kochbuch« vor.

Beispiele aus der Praxis: Freies Schreiben

Diese Dialogbeispiele sollen Ihnen einen Eindruck vermitteln, wie Dialoge verlaufen und wie Sie einen Dialog
führen können. Aber ich empfehle Ihnen, erst einige
eigene Dialoge zu versuchen und dann die Beispiele zu
lesen. Denn wie jeder Mensch ein Individuum ist, so ist
auch jeder Dialog einzigartig!

Mit anderen Worten: Lösen Sie sich von den Beispielen – es sind wirklich *nur* Beispiele.

Ich habe in den Beispielen die meisten Hinweise aus dem »Kochbuch« fast wörtlich angewendet und wiederholt, damit sich die Hinweise wirklich einprägen. Aber von den Formulierungen werden Sie sich sicher bald lösen und Sie werden schnell einen ganz persönlichen Stil im Schreiben mit Ihrem Inneren Kind entwickeln.

Freies Schreiben: 1. Beispiel

Geschriebener Text	**Mein Kommentar dazu**
Erwachsener: »*Liebe kleine Gaby, du hast ja vorgestern geschrieben, dass du Angst hast, dass Martin dich verlassen könnte. Magst du ein bisschen mehr dazu schreiben?*«	Die Erwachsene greift die Antwort auf die Frage: »*Hallo ängstliches Kind, mit welchem Menschen in meinem heutigen Leben hast du die größten Probleme – und warum?*« auf. Es ist sinnvoll, derartige Antworten nach und nach aufzugreifen, weil dann allmählich immer mehr Konflikte entschärft werden.
Kind: »*Na ja, das wäre schrecklich. Ganz, ganz furchtbar!*«	

Erwachsener: *»Sag bitte mehr dazu.«*

Die Standard-Aufforderung.

Kind: *»Ich habe solche Angst, dass ich dann niemanden mehr habe, der mich lieb hat!«*

Erwachsener: *»Das muss sich ja schlimm anfühlen, wenn du solche Angst hast! Komm zu mir auf meinen Schoß!«*

Wie beim »Blick auf das Kind« im »Kochbuch« empfohlen: mit Worten einfühlen sowie emotionalen Schutz und Trost geben.

Kind: *»Ja.« (kommt auf den Schoß)*

Erwachsener: *»Egal, was auch passieren mag: Ich bleibe immer bei dir! Darauf kannst du dich verlassen!«*

Das entspricht dem 2. und 3. Schritt des »Kochbuchs«: Dem Kind wird die jetzt geltende Realität genannt, dass das einstige Kind zum Inneren Kind geworden ist und sich nicht nach außen, sondern nach innen an den Erwachsenen wenden kann. Und es wird ihm zugesichert, dass es auch in Zukunft immer so bleiben wird.

Kind: »*Wirklich? Kann ich mich wirklich darauf verlassen?*«	Kinder und Innere Kinder sind an den Erwachsenen orientiert.
Erwachsener: »*Ja! Egal, was immer auch passieren mag! Denn du bist die Allerwichtigste! – Wie geht es dir jetzt?*«	Schritt 3, der Blick in die Zukunft. Die Standard-Frage.
Kind: »*Viel besser!*«	Also noch nicht gut …
Erwachsener: »*O.k. – ich hab dich lieb!*«	Nach all den Darstellungen wieder das Wichtigste …
Kind: »*Oh, schön!*« *(kuschelt sich weiter an)*	Und nun scheint es – fürs Erste – doch gut zu sein.

So könnte ein wenig Heilung geschehen sein: Ein kleines Stückchen von der Angst ist abgetragen, das Kind ist geborgen. – An einem anderen Tag könnte die Erwachsene das Innere Kind vielleicht in die Vergangenheit einladen. Denn bei solch großer Verlustangst ist es sehr wahrscheinlich, dass da eine entsprechende Erfahrung bereits in der Kindheit gemacht worden ist. Aber alles zu seiner Zeit!

Im nächsten Beispiel geht es um einen Dialog, der weit in die Vergangenheit reicht.

Freies Schreiben: 2. Beispiel

Geschriebener Text	**Mein Kommentar dazu**
Erwachsene: »*Liebes Kind, wie geht es dir?*«	Eine der Standard-Einleitungen.
Inneres Kind: »*Ich bin so traurig.*«	
Erwachsene: »*Oh, willst du in meinen Arm kommen?*«	Als Erstes immer Schutz und Trost, siehe »Kochbuch«, Schritt 1
Inneres Kind: »*Ja!*« – *(schluchzt vor sich hin) (Nach etwas Pause:)*	Das Kind kann so den Trost besser spüren. Solche Pausen sind wichtig!
Erwachsene: »*Willst du ein bisschen erzählen, was dich so traurig macht?*«	Die Standard-Frage, siehe Schritt 1 im »Kochbuch«.
Inneres Kind: »*Ach, so vieles. Die Leute beachten mich nicht. Sie haben mich nicht lieb.*«	Es würde sich geradezu aufdrängen, Genaueres zu den Leuten wissen zu wollen, aber ...
Erwachsene: »*Erzähl mir bitte mehr darüber!*«	... stattdessen kommt die Standard-Aufforderung.

138

Die Erwachsene widersteht damit der Versuchung, Fragen zu stellen, und bleibt beim Gefühl des Kindes (Schritt 1 im »Kochbuch«).

Inneres Kind: *»Keiner hat mich richtig lieb!«*

Auf diese ja sehr globale Verallgemeinerung wird die Erwachsene gleich noch eingehen.

Erwachsene: *»Ich liebe dich, mein liebes Inneres Kind!*
Aber erzähle mal: wie war das früher? Hattest du da auch schon den Eindruck, dass dich keiner lieb gehabt hat?«

Schritt 2 und 3, Blick auf die Realität, Blick auf die Zukunft.

Wenn das Kind gerade so sehr verallgemeinerte, dann muss es sich auf die Herkunftsfamilie beziehen. Denn **da** machte ja der Ausdruck Sinn: *»Keiner ... «* entsprach damals *»Mama und Papa!«*

Inneres Kind: *»Ja, Mama und Papa haben mich auch nicht richtig lieb gehabt!«*

Genau das Erwartete!

Erwachsene: *»Das muss sich ja schlimm angefühlt haben, wenn du glaub-*

Die Erwachsene gibt Einfühlung (Schritt 1 »Kochbuch«).

test, dass Mama und Papa dich nicht richtig lieb gehabt haben! Aber sieh mal: Ich bin immer bei dir! Und ich habe dich lieb, ganz doll! Und ich werde bei dir bleiben!«

Da das Kind weiterhin bei der Erwachsenen auf dem Schoß sitzt, hat es auch genügend Schutz und Trost für die Reise in die Kindheit. Das ist sehr wichtig! *»Aber sieh mal ...«* ist Schritt 2 und 3 vom »Kochbuch«, Blick auf die Realität, Blick auf die Zukunft. Dadurch wird das Innere Kind immer unabhängiger von den Inneren Eltern. – Die positiven Formulierungen beachten (statt negativer wie: *»Ich werde dich nie verlassen!«*).

Inneres Kind: *»Wirklich?«*

Erwachsene: *»Ja, ganz bestimmt! Wie geht es dir damit?«*

Die Standard-Frage.

Inneres Kind: *»Da bin ich froh! Ich habe dich auch lieb!«*

Da das alles so auch gefühlt wurde, ist das ein sehr guter vorläufiger Abschluss.

Auch hier ist Heilung geschehen, doch es ist ein vorläufiger Abschluss, weil es immer noch etwas zu schreiben gibt. Aber wiederum gilt: alles zu seiner Zeit! In diesem Fall: In vielen, vielen Briefen wird sich das Innere Kind in der Folgezeit noch über die Erfahrungen des Nicht-Geliebt-Fühlens auslassen müssen.

Freies Schreiben: 3. Beispiel

Geschriebener Text	**Mein Kommentar dazu**
Erwachsener: »*Hallo, liebes Kind, wie geht es dir?*«	Die Standard-Frage.
Inneres Kind: »*Du interessierst dich ja sowieso nicht für mich!*«	Würde der Erwachsene wie ein Kind reagieren, wäre er wegen der Anklage vermutlich sauer, beleidigt oder würde sich verteidigen, …
Erwachsener: »*Das hört sich ja gar nicht gut an! Du bist also enttäuscht?*«	… aber stattdessen bleibt er erwachsen und geht auf das Gefühl ein: erst allgemein, dann stellt er eine direkte Frage als Vermutung.
Kind: »*Ja, klar!*«	
Erwachsener: »*Oh, das tut mir aber leid! Bitte, erzähl mir mehr darüber!*«	Er hat die Größe, das zuzugeben! Die Standard-Aufforderung.
Kind: »*Du nimmst dir so selten Zeit für mich. Das tut ganz schön weh.*«	Wieder eine Klage, dann nennt das Innere Kind das Gefühl, um das es geht.

Erwachsener: »*Tut mir wirklich leid! Willst du auf meinen Schoß kommen?*«

Der Erwachsene bleibt immer noch bei dem Gefühl des Kindes! Und dann bietet er Trost an. Also genau nach »Kochbuch«.

Kind: »*Ja!*« *(kuschelt sich an) – Nach einiger Zeit:*

Wie oben: dem Kind unbedingt Zeit zum Fühlen lassen!

Erwachsener: »*Wie geht es dir, mein Inneres Kind?*«

Wieder die Standard-Frage.

Kind: »*Besser.*«

Erwachsener: »*Weißt du was? Wie wäre es, wenn wir jedes Mal, wenn ein Tag beginnt, erst mal 5 Minuten zusammen kuscheln?*«

Der Erwachsene macht den 3. Schritt vom »Kochbuch«; der 2. ist nicht nötig, weil ja das Innere Kind Recht hatte. Dann braucht ihm natürlich auch keine Realität aufgezeigt zu werden.

Kind: »*Das wäre richtig klasse!*«

Erwachsener: »*Dann machen wir das! Wie geht es dir damit?*«

Der Erwachsene ist so aufmerksam und fragt noch einmal nach.

Kind: »*Gut!*«

Empfehlung: dem Inneren Kind das Schlusswort einräumen.

Freies Schreiben: 4. Beispiel

Geschriebener Text	**Mein Kommentar dazu**
Erwachsener: »*Hallo liebes Kind, wie geht es dir?*«	Die Standard-Einleitung.
Kind: »*Ich möchte rausgehen und spielen!*«	Das Kind hat die Frage nicht beantwortet!
Erwachsener: »*Und wie geht es dir?*«	Hier muss nachgehakt werden.
Kind: »*Mir geht's nicht gut!*«	Das ist etwas zu vage.
Erwachsener: »*Du bist traurig?*«	Deswegen eine Vermutung als Versuch für eine Präzisierung.
Kind: »*Nein, bin so alleine!*«	Fast immer wird dann das eigentliche Gefühl genannt.
Erwachsener: »*Oh, du fühlst dich alleine; komm in meinen Arm!*«	Der Erwachsene gibt Schutz und Trost.
Erwachsener: »*Erzähl mir mehr über dein Alleinsein!*«	Die Standard-Aufforderung. Dabei wird der Ausdruck des Kindes (»allein«) beibehalten nicht umformuliert!

Kind: *»Immer bin ich so alleine! Niemand spielt mit mir!«*

Obwohl solche Verallgemeinerungen (»immer«, »niemand« etc.) vielleicht zu Widerspruch oder Beschwichtigung reizen könnten, sollte der Erwachsene weiterhin am Gefühl bleiben und es weiter würdigen.

Erwachsener: *»Das muss sich auch wirklich ganz schlimm anfühlen, wenn du dich so alleine fühlst!«*

Und das passiert auch.

Kind: *»Ja!« (weint) – Nach einiger Zeit:*

Das Kind soll gerne weinen, denn wenn der Erwachsene innerlich weiter bei ihm bleibt, geschieht ein Stückchen Heilwerden.

Erwachsener: *»Ich habe dich lieb! Und ich bleibe immer bei dir!« – Nach einer kleinen Pause:*

Die positive Formulierung im zweiten Satz beachten (statt negativ wie: *»Ich werde dich nie verlassen!«*).

Erwachsener: *»Und komm immer zu mir, wenn du dich mal wieder allein fühlen solltest! Wie ist das für dich?«*

Der Erwachsene sagt, was er in Zukunft für das Innere Kind tun wird. Das ist Schritt 3 vom »Kochbuch«. Die Standard-Frage

Kind: *»Das ist prima!«*

Also alles bestens.

Freies Schreiben: 5. Beispiel

Geschriebener Text	**Mein Kommentar dazu**
Erwachsene: *»Hallo liebe Maus, wie geht es dir?«*	Die Standard-Einleitung.
Inneres Kind: *»Ach, ich habe immer solche Angst vor René!«* *(René ist der Freund)*	
Erwachsene: *»Komm erstmal auf den Schoß; wir gehen an den Sicheren Inneren Ort!«* Später: *»Magst du mir mehr darüber erzählen?«*	Erst einmal wieder den Schutz. Bei solch großer Angst vor dem Freund(!) ist natürlich der Sichere Innere Ort mehr als angebracht. Dann die Standard-Frage.
Inneres Kind: *»Ich habe immer eine Angst, dass er uns was antut!«*	Das muss ja eine sehr große Angst sein – vor dem Freund!
Erwachsene: *»Oh, erzähl mir bitte mehr darüber!«*	Sie sind immer noch am Sicheren Inneren Ort. Deswegen kann die Erwachsene das Kind gleich auffordern, mehr zu erzählen.
Inneres Kind: *»Ich habe immer Angst, dass er genauso ist wie Dieter!«* *(der Exfreund)*	

»Der ist sogar handgreif-lich geworden!«

Nicht ganz kindgerechter Ausdruck »handgreiflich«; da hat sich anscheinend die Abwehr ein bisschen einge-schaltet, aber das ist o.k.

Erwachsene: *»Was immer passieren wird – ich beschütze dich! – Wie ist das für dich?«*

Schritt 2 und 3 des »Koch-buchs«, Realität und Zukunft. Und immer die Nachfrage.

Inneres Kind: *»Da fühle ich mich sicher!«*

Erwachsene: *»Da freue ich mich! Bitte, erzähle mir noch weiter über deine Angst! Wo hast du sie so zum ersten Mal erlebt?«*

Bei derart großer Angst *muss* sie (aufgrund einer Übertragung) aus der Kind-heit stammen!

Inneres Kind: *»Bei Papa, ich hatte immer so fürch-terliche Angst, weil er mich verhauen hat. Das war ganz schlimm!«*

Damit sind wir am Thema.

Erwachsene: *»Erlebst du das gerade im Moment?«*

Weil das Kind gerade in der Vergangenheitsform berich-tet hat, fragt die Erwachsene nach.

Inneres Kind: *»Ja, er schreit gerade rum. Ganz laut! Ich habe Angst! Gleich wird er mich verhauen!«*

Gefahr im Verzug! Da muss ganz schnell gehandelt werden.

Erwachsene: *»Ich werde ihn stoppen! Halt, Vater, keinen Schritt weiter! Ich beschütze mein Inneres Kind!«*

Und das tut die Erwachsene zum Glück auch. Siehe oben, Seite 127: »Wenn es gegen die Inneren Eltern geht«.

Innerer Vater *(hält verdutzt inne)*: *»Wie redest du? Ich bin immer noch dein Vater!«*

Eine der möglichen Reaktionen … … aber er gibt noch nicht auf.

Erwachsene: *»Genau! Und du wirst keinen Schritt weitergehen! Ich gehe jetzt weg; ich verlasse dich, zusammen mit meinem Inneren Kind!« (sie nimmt das Kind an die Hand, beide verlassen die elterliche Wohnung und gehen an den Sicheren Inneren Ort)*

Trotz der Verneinung ist so etwas recht wirksam, wenn die Erwachsene nur eindeutig und bestimmt genug ist.

147

Erwachsene: *»Wie geht es dir jetzt, mein Inneres Kind?«*

Unbedingt nach so einer Aktion nachfragen – siehe oben: »Wenn es gegen die Inneren Eltern geht«.

Inneres Kind: *»Wo ist Papa?«*

Hat die Frage nicht beantwortet, …

Erwachsene: *»Der ist zuhause geblieben. Seine Zeit mit dir ist schon lange beendet! Jetzt sorge ich für dich! – Wie geht es dir?«*

… aber erst einmal müssen die folgenden Informationen alle gegeben werden, …

… bevor sie erneut nachfragt.

Inneres Kind: *»Da bin ich aber erleichtert! Er war immer so gemein zu mir!«* (weint ein bisschen vor sich hin)

Vermutlich vor Schmerz.

Erwachsene: *»Ich habe dich ganz doll lieb! Und bei mir bist du völlig sicher! Wie geht es dir damit?«*

Schritt 2 im »Kochbuch«, Realität. – Ebenfalls Schritt 2, vielleicht auch verbunden mit Schritt 3, Zukunft. Und immer wieder beim Kind bleiben und nachfragen.

Inneres Kind: *»Ich bin sehr erleichtert!«*

Dem Kind gehört ja in der Regel das Schlusswort, und dieses ist bestens ausgefallen.

Dialoge, die stecken bleiben

Auch Sie werden es erleben, dass ein Dialog einmal nicht mehr richtig vorankommt und dann vielleicht ganz im Sande verläuft. Das ist ganz natürlich. Einige solcher Dialoge stelle ich Ihnen nun vor. Sie dienen dazu, dass Sie immer mehr ein Gespür dafür entwickeln, ab wann der Dialog vielleicht nicht mehr so recht im Lot ist. Und vor allem, wie man stattdessen fragen könnte. Dabei gibt es immer viele mögliche Wege. Jeweils eine Möglichkeit wird nach dem Dialog unter »Hinweise, wie der Dialog möglicherweise besser laufen könnte« beschrieben.

Stecken geblieben: 1. Dialog

Erwachsene: »*Hallo Inneres Kind, wie geht es dir?*«

Inneres Kind: »*Ich möchte gern rausgehen und spielen!*«

Erwachsene: »*Und was möchtest du gern spielen?*«

Inneres Kind: »*Wir könnten ja an den Strand gehen und eine Sandburg bauen!*«

Erwachsene: »*Das finde ich auch schön! Das machen wir!*«

Inneres Kind: »*Ja, gut, gut!*«

Erwachsene: »*Wir gehen gleich los!*«

Inneres Kind: *(sagt nichts mehr)*

149

Hinweise, wie der Dialog möglicherweise besser laufen könnte

Zu Dialog 1: Wenn etwas untergründig verborgen ist
Auf den ersten Blick scheint der erste Dialog gut und glatt gelaufen zu sein. Auch auf den zweiten Blick ist vielleicht nichts Ungewöhnliches zu bemerken. Alle sind zufrieden. Wirklich?

Die Erwachsene hat vielleicht überlesen, was das Innere Kind kurz vor dem Ende schreibt: *»Ja, gut, gut!«* Müsste es nicht eigentlich vor Freude jubeln?

Und auffällig ist auch, dass das Innere Kind ganz am Ende nichts mehr zu sagen weiß. Auch dem hat die Erwachsene nicht genug Beachtung geschenkt. Ohnehin sollte das Innere Kind stets das letzte Wort haben.

Schon am Anfang bei der ersten Antwort hat es in gewisser Weise nicht mehr geklappt. Denn: Hat das Innere Kind auf die Frage, wie es ihm gehe, eigentlich geantwortet? Wenn man sich in Erinnerung ruft, dass Kinder eigentlich geradezu aus Gefühlen *bestehen*, lautet die Antwort natürlich: nein.

So ist die Erwachsene gleich auf den Spielwunsch des Kindes eingegangen und damit der *Abwehr* aufgesessen.

Was kann man stattdessen schreiben? Hier *eine* Möglichkeit:

Geschriebener Text	**Mein Kommentar dazu**
Erwachsene: »*Hallo, Inneres Kind, wie geht es dir?*«	Die Standard-Frage zu Beginn.
Inneres Kind: »*Ich möchte gern rausgehen und spielen!*«	
Erwachsene: »*Und wie bist du drauf?*«	Die Erwachsene bleibt beharrlich.
Inneres Kind: »*Ach, geht so!*«	
Erwachsene: »*Das hört sich ja gar nicht gut an! Bist du vielleicht traurig?*«	Eine erste Einfühlung. Eine Vermutung als Vorschlag.
Inneres Kind: »*Nein, ich habe Angst.*«	Wie praktisch immer wird dann das Gefühl genannt, um das es wirklich geht.
Erwachsene: »*Das muss sich ja schlimm anfühlen! Komm, wir gehen an den Sicheren Inneren Ort!*«	Die Erwachsene gibt erst Einfühlung mit Worten, dann auch Schutz ohne Worte (Schritt 1).
usw.	Der Dialog muss selbstverständlich weiter fortgesetzt werden.

Stecken geblieben: 2. Dialog

Erwachsener: »*Hallo Inneres Kind, wie geht es dir?*«

Inneres Kind: »*Ach, mir ist so langweilig!*«

Erwachsener: »*Sag mehr darüber!*«

Inneres Kind: »*Wir tun so wenig zusammen!*«

Erwachsener: »*Was meinst du damit?*«

Inneres Kind: »*Ich will mit dir spielen, tanzen, fröhlich sein! Aber du beschäftigst dich mit allem Möglichen, nur nicht mit mir!*«

Erwachsener: »*Aber gestern haben wir doch noch zusammen Spaß gehabt?*«

Inneres Kind: »*Aber viel zu kurz! Dann hast du gleich wieder gearbeitet!*«

Erwachsener: »*Aber ich muss doch Geld verdienen!*«

Inneres Kind: »*Du immer mit dem blöden Geldverdienen! Das macht doch keinen Spaß mehr!*«

Erwachsener: »*Aber wir haben doch auch immer wieder Pausen, in denen wir uns entspannen können!*«

Inneres Kind: *(antwortet nicht mehr)*

Hinweise, wie der Dialog möglicherweise besser laufen könnte

Zu Dialog 2: Wenn der Erwachsene argumentieren muss

Dann ist meistens etwas faul, denn da soll das Innere Kind etwas »einsehen«. Und bevor man auf die Gefühle des Inneren Kindes nicht eingegangen ist, appelliert man vergebens an seine Einsichtsfähigkeit. Und es besteht die Gefahr, das Innere Kind lediglich zu bearbeiten und zu etwas zu überreden. Vielleicht weil der Erwachsene sich in die Enge getrieben fühlt? Weswegen sollte er sich sonst rechtfertigen müssen? Darauf weisen auch die vielen »*Aber*« hin. »Aber« ist fast immer ein problematisches Wort im Dialog mit dem Inneren Kind; es sollte Sie stets wachsam machen. Nur wenn Sie das Kind über die »Realität« aufklären, ist es erlaubt und angebracht.

Zurück zu dem Beispiel: Statt des »*Aber*« sollte der Erwachsene es ruhig zugeben, wenn er zu wenig Zeit mit dem Kind verbringt! Wie gegenüber den realen Kindern sollten wir auch zu unseren Inneren Kindern ehrlich sein.

Der erste Teil vom Dialog war hilfreich, danach schreiben wir anders:

Geschriebener Text	Mein Kommentar dazu
Erwachsener: »*Hallo Inneres Kind, wie geht es dir?*«	Die Standard-Frage.
Inneres Kind: »*Ach, mir ist so langweilig!*«	
Erwachsener: »*Sag mehr darüber!*«	Standard-Aufforderung.
Inneres Kind: »*Wir tun so wenig zusammen!*«	Die recht häufige Klage.

153

Erwachsener: *»Was meinst du damit?«*

Inneres Kind: *»Ich will mit dir spielen, tanzen, fröhlich sein! Aber du beschäftigst dich mit allem Möglichen, nur nicht mit mir!«*

Erwachsener: *»Oh, das tut mir leid! Erzähle mir bitte mehr darüber.«*

Der Erwachsene bleibt beim Blick auf das Kind. Die Standard-Aufforderung.

Inneres Kind: *»Immer sitzt du da und musst immer nur arbeiten!«*

Erwachsener: *»Und wie geht es dir dann?«*

Der Erwachsene bleibt immer noch beim Blick auf das Kind, statt womöglich pikiert zu sein!

Inneres Kind: *»Schlecht! Ich bin wütend!«*

Erwachsener: *»Das tut mir wirklich leid. Ich muss ja arbeiten, aber ich kann mal was überlegen. – Wie wäre es, wenn wir immer abends eine Vier-*

Er gibt es ehrlich zu; es ist nichts zu beschönigen.

Das ist der 3. Schritt des »Kochbuchs«: Blick auf die

*telstunde für uns fest ein-
planen würden?«*

Zukunft. Schritt 2 – der
Blick auf die Realität – ist
überflüssig, weil das Kind ja
Recht hat.

Inneres Kind: *»Das wäre
toll, aber ich glaube nicht
daran, dass du das wirk-
lich tust.«*

Erwachsener: *»Du bist
also skeptisch? Das kann
ich gut verstehen, denn
bis vor kurzem hatte ich
dich ja wirklich nicht
beachtet. Aber wenn ich
das zusage, dann kannst
du dich darauf verlas-
sen!«*

Der Erwachsene äußert also
Verständnis für das Gefühl
und folgt da weiterhin dem
»Kochbuch«.

Das ist Schritt 3 des
»Kochbuchs«, der Blick auf
die Zukunft.

Inneres Kind: *»Ja, wir
werden ja sehen.«*

Das Innere Kind ist immer
noch skeptisch – da liegt es
natürlich am Erwachsenen,
dass er seine Zusage unbedingt einhält und eventuelle
Änderungen vorher mit
dem Kind abspricht.

Stecken geblieben: 3. Dialog

Erwachsener: *»Hallo liebes Inneres Kind, wie geht es dir?«*

Inneres Kind: *»Ach, es geht so!«*

Erwachsener: *»Wie fühlst du dich gerade?«*

Inneres Kind: *»Gar nicht gut.«*

Erwachsener: *»Sag mehr darüber, was du meinst!«*

Inneres Kind: *»Ich bin ganz mutlos. Immer wenn mich der Chef was fragt, weiß ich gar nicht, was ich antworten soll, vor allem wenn er mit mir schimpft.«*

Erwachsener: *»Oh, das muss sich ja schlimm anfühlen! Komm, wir gehen erst mal an den Sicheren Inneren Ort!«*

Inneres Kind: *»Ja, gut!«* (bleiben eine Zeitlang) Dann:

Erwachsener: *»Geht es dir besser?«*

Inneres Kind: *»Ja, viel.«*

Erwachsener: *»Schön! Aber du musst vielleicht ein bisschen standhafter Kritik vom Chef ertragen.«*

Inneres Kind: *»Ja, ich gebe mir ja auch Mühe. Aber wenn er zu viel schimpft, dann weiß ich gar nicht mehr weiter.«*

Erwachsener: *»Du musst dir nur vorstellen, dass auch ein Chef ein ganz gewöhnlicher Mensch ist.«*

Inneres Kind: *»Ja, das habe ich mir auch schon gesagt.«*

Erwachsener: *»Und du kannst auch auf Durchzug schalten. Bei einem Ohr rein, zum anderen Ohr wieder raus.«*

Inneres Kind: *»Ja, mache ich.«*

Hinweise, wie der Dialog möglicherweise besser laufen könnte

Zu Dialog 3: Wenn das Innere Kind am Schluss zustimmt

Auf den ersten Blick scheint das ein ziemlich normaler Dialog zu sein. Und er läuft auch bis zu der Stelle *»Geht es dir besser?«* – *Inneres Kind: »Ja, viel«* tatsächlich gut.

Allerdings fällt auf, dass dann der Erwachsene mithilfe von Ermahnungen weitermacht. Und das ist insofern problematisch, als das Kind ja gerade das nicht kann, wozu ihn der Erwachsene mahnt. Die Folge ist, dass das Innere Kind sich lediglich anpasst oder gar resigniert, auch und gerade wenn es zum Beispiel am Schluss sagt: *»Ja, mache ich.«*

Also: Wenn das Innere Kind am Schluss zu etwas zustimmt, dann muss es mit einer gewissen Begeisterung sein. Andernfalls ist es wahrscheinlich eher Anpassung.

Wie also könnte man anders schreiben?

Bei Themen, die mit Autoritätspersonen wie Chef oder Ähnlichem zu tun haben, ist praktisch immer auch ein Thema aus der Kindheit akut (Übertragung).

Wenn man also dem Inneren Kind am Sicheren Inneren Ort Schutz gegeben hat, sollte man dieses Kindheitsthema herausarbeiten:

Geschriebener Text	Mein Kommentar dazu
Erwachsener: »*Hallo liebes Inneres Kind, wie geht es dir?*«	Die Standard-Frage.
Inneres Kind: »*Ach, es geht so!*«	
Erwachsener: »*Wie fühlst du dich gerade?*«	Der Erwachsene will es genauer wissen.
Inneres Kind: »*Gar nicht gut.*«	
Erwachsener: »*Sag mehr darüber, was du meinst!*«	Die Standard-Aufforderung.
Inneres Kind: »*Ich bin ganz mutlos. Immer wenn mich der Chef was fragt, weiß ich gar nicht, was ich antworten soll, vor allem wenn er mit mir schimpft.*«	
Erwachsener: »*Oh, das muss sich ja schlimm anfühlen! Komm, wir gehen erst mal an den Sicheren Inneren Ort!*«	Einfühlung, Schutz und Trost (Schritt 1).

Inneres Kind: »*Ja, gut!*«
(bleiben eine Zeitlang)
Dann:

Wieder: Zeit geben.

Erwachsener: »*Geht es
dir besser?*«

Die Nachfrage.

Inneres Kind: »*Ja, viel.*«

Erwachsener: »*Das freut
mich. – Kannst du dich
vielleicht erinnern, wo
wir uns früher so ähnlich
gefühlt haben?*«

Dass der Erwachsene hier
in der Mehrzahl spricht, hat
nur den einen Grund, dass
er sich damit neben das
Innere Kind stellt. Er hätte
auch sagen können: »*... wo
du dich früher so ähnlich
gefühlt hast?*«

Inneres Kind: »*Ja, klar,
das war immer wenn
Papa mit mir geschimpft
hat! Das war immer
ganz schlimm für mich!*«

Bingo!

Erwachsener: »*Erzähl
mir bitte mehr darüber.*«

Die bekannte Standard-
Redewendung.

Inneres Kind: »*Das hat
mir immer so wehgetan.
Und ich habe mich auch
immer so geschämt.*«

Erwachsener: »*Möchtest du in meinen Arm kommen, bevor du weitererzählst?*«

Obwohl sie bereits am Sicheren Inneren Ort sind, braucht das Kind anscheinend noch dichtere Nähe.

Inneres Kind: »*Ja, gerne!*« *(kuschelt sich an)* Einige Minuten später: »*Erzähl bitte weiter!*« usw.

Wieder: Zeit lassen.

Je mehr dann das Innere Kind die Angst, Scham usw. vor dem Vater verliert, desto leichter wird dann auch der Umgang mit dem Chef sein. Bis es soweit ist, kann man auch vorbeugend mit dem Inneren Kind sprechen, beispielsweise wenn ein Gespräch mit dem Vorgesetzten ansteht, und vorab Verständnis, Einfühlung, Schutz etc. geben. Dann kann man gelassener in ein solches Gespräch gehen.

Stecken geblieben: 4. Dialog

Erwachsene: »*Hallo liebes Inneres Kind, wie geht es dir?*«

Inneres Kind: »*Ach, nicht so gut!*«

Erwachsene: »*Oh, das hört sich ja schlimm an! Was ist denn los?*«

Inneres Kind: »*Du führst dich immer gegenüber Manfred so schlimm auf! Das mag ich gar nicht!*« (Manfred ist der Partner)

Erwachsene: »*Bitte, sag mir mehr darüber!*«

Inneres Kind: »*Du müsstest einfach ein bisschen mehr nachgeben! Dann wäre alles viel einfacher!*«

Erwachsene: »*Hallo Abwehr! Anscheinend hast du dich eingeschaltet?!*«

Abwehr: »*Ja, das kann man einfach nicht mehr ansehen, wie du deine Beziehung zugrunde richtest! Da muss man doch eingreifen!*«

Erwachsene: »*Aber ich bin jetzt inzwischen erwachsen und brauche dich nicht mehr! Was müsste ich tun, damit du mich an das Innere Kind heranlässt?*«

Abwehr: »*Du musst nur einfach tun, was ich dir sage, nämlich nicht immer so dickköpfig sein!*«

Erwachsene: »*Aber ich bin doch für das Innere Kind verantwortlich! Ich kann für das Innere Kind alleine sorgen!*«

Abwehr: »*Das glaube ich nicht!*«

Erwachsene: *(merkt, dass das allmählich zu einem Tauziehen ausartet, darum bricht sie das Schreiben ab)*

Hinweise, wie der Dialog möglicherweise besser laufen könnte

Zu Dialog 4: Wenn die Abwehr vielleicht gar nicht ist, was sie scheint …

… dann kann sie auch was anderes sein. Einen solchen Fall habe ich oben im Abschnitt »Wenn die Abwehr kategorisch in Du-Ansprache schreibt« (siehe Seite 126) dargestellt; in dem Dialog ist es nicht die Abwehr, die sich einschaltet, sondern die Innere Mutter. Und die gibt solche Ratschläge wie: *»Du müsstest einfach ein bisschen mehr nachgeben!«*

Wie könnte man in solch einem Fall schreiben? Etwa so:

Geschriebener Text	**Mein Kommentar dazu**
Erwachsener: *»Hallo liebes Inneres Kind, wie geht es dir?«*	Die übliche Einleitung.
Inneres Kind: *»Ach, nicht so gut!«*	
Erwachsene: *»Oh, das hört sich ja schlimm an! Was ist denn los?«*	Eine erste Einfühlung.
Inneres Kind: *»Du fühlst dich immer gegenüber Manfred so schlimm auf! Das mag ich gar nicht!«* (Manfred ist der Partner)	
Erwachsene: *»Bitte, sag mir mehr darüber!«*	Die Standard-Aufforderung.
Inneres Kind: *»Du müsstest einfach ein bisschen mehr nachgeben! Dann wäre alles viel einfacher!*	

162

Erwachsene: »*Wer meldet sich denn da?*«

Die Erwachsene hat bemerkt, dass da was nicht stimmt.

Innere Mutter: »*Ich bin deine Mutter, die es nur gut mit dir meint!*«

Das meinen die (Inneren) Mütter immer...

Erwachsene: »*Was hast du zu sagen?*«

Die Erwachsene ist freundlich – noch! Also eine durchaus legitime, sanftere Version vom »Zauberspruch« (siehe Seite 127, Abschnitt »Wenn es gegen die Inneren Eltern geht«).

Innere Mutter: »*Ja, das kann man einfach nicht mehr ansehen, wie du deine Beziehung zugrunde richtest! Da muss man doch eingreifen!*«

Erwachsene: »*Das ist zwar nett, dass du dich um meine Beziehung so sorgst, aber* ich *führe die Beziehung und nicht* du! *Und ich werde nicht auf dich hören!*«

Noch immer ist die Erwachsene recht nett.

Im letzten Satz ist zwar eine Verneinung enthalten, das macht aber in diesem Fall nichts.

163

Innere Mutter: »*Aber du musst nicht immer so dickköpfig sein und auch mal nachgeben! Ich habe das immer so gehalten!*«

Sieh mal einer an. Da also liegt der Hund begraben. Dieses anscheinend langjährig in der Ehe erprobte Mittel will die Mutter partout an ihre Tochter weitergeben.

Erwachsene: »*Ich werde das anders machen! Ich will eine partnerschaftliche Beziehung, und deswegen werde ich immer den Mund aufmachen!*«

Alles positive Formulierungen – zumindest in der Form, wenn auch nicht dem Inhalt nach.

Innere Mutter: »*Ach, mein Kind, mach dich nicht unglücklich!*«

Diese Mutter ist aber hartnäckig in ihrem Gutmeinen.

Erwachsene: »*Mutter, halt die Klappe!*«

Nun aber: der »Zauberspruch« – in einer härteren Version.

Innere Mutter: *(schweigt beleidigt)*

Auf einen groben Klotz gehört …

Erwachsene: »*Liebes Inneres Kind, wie geht es dir jetzt?*«

Sehr wichtig, dass die Erwachsene an das Innere Kind denkt.

Inneres Kind: »*Wow, das wurde aber mal Zeit!*«

Es hätte auch sein können, dass das Innere Kind Angst bekam. Aber so ist es natürlich viel besser.

164

Erwachsene: *»Und wie geht es dir jetzt?«*

Die Erwachsene wiederholt die Frage, weil das Innere Kind darauf nicht geantwortet hatte.

Inneres Kind: *»Groß- artig! Ich fühle mich ganz doll erleichtert!«*

Hätte das Kind hier mit problematischen Gefühlen geantwortet, hätte man natürlich wieder das »Koch- buch« anwenden müssen.

Erwachsene: *»Prima, das freut mich sehr!«*

Dieses Mal, nach einer so eindeutig positiven Schlussäußerung des Inneren Kindes, kann auch die Erwachsene das letzte Wort haben.

Stecken geblieben: 5. Dialog

Erwachsener: *»Hallo liebes Inneres Kind, wie geht es dir?«*

Inneres Kind: *»Gut!«*

Erwachsener: *»Das ist ja fein! – Wie findest du eigent- lich Sigrid?«* (das ist die Partnerin)

Inneres Kind: *»Ach, die ist immer ganz nett, nur manchmal nicht!«*

Erwachsener: *»Wann denn zum Beispiel?«*

Inneres Kind: *»Immer wenn sie schimpft. Dann fühle ich mich immer ziemlich niedergemacht.«*

Erwachsener: *»Das ist ja nicht so schön! Und woran liegt das?«*

Inneres Kind: *»Immer wenn du etwas Falsches tust. Was in ihren Augen nicht richtig ist. Da solltest du besser aufpassen!«*

Erwachsener: *»Ja, aber das habe ich noch gar nicht richtig bemerkt, was da vor sich geht.«*

Inneres Kind: *»Das ist folgendermaßen: Du fragst oft etwas, was du kurze Zeit vorher schon gefragt hattest! Und dann ist sie natürlich sauer.«*

Erwachsener: *»Das kann ich natürlich gut verstehen. Aber was soll ich denn da machen?«*

Inneres Kind: *»Du fragst doch nur Sigrid deshalb wieder, weil du hoffst, dass sie es sich inzwischen anders überlegt hätte. Weil dir unangenehm ist, was sie von dir erwartet. Aber eigentlich müsstest du es bloß tun!«*

Erwachsener: *»Ja, das stimmt! Das werde ich mir überlegen.«*

Hinweise, wie der Dialog möglicherweise besser laufen könnte

Zu Dialog 5: Wenn das Innere Kind den Erwachsenen berät …

… dann ist das ja ein glatter Rollentausch. Das Innere Kind soll niemals dem Erwachsenen beizustehen versuchen. Denn Eltern sind für ihre Kinder da, nie umgekehrt.

Wenn das allerdings geschieht, hat das Kind es damals vermutlich schon früh lernen müssen, für seine Eltern und/oder Geschwister da zu sein. Vielleicht waren die Eltern Alkoholiker oder das Kind musste schon früh auf die jüngeren Geschwister aufpassen, weil kein Erwachsener zur Verfügung stand? Wie auch immer, in jedem Fall hat das Kind lernen müssen, sich an die Umstände anzupassen. Dazu war es offenbar nötig gewesen, schnell »erwachsen« zu werden, altersunangemessen schnell. Und dabei hatte es eigene Wünsche, Gefühle und Bedürfnisse zurückzunehmen, denn die wären alle nur hinderlich gewesen. Und später hat das Innere Kind das dann einfach weiter beibehalten.

Wie könnte man solch einem Inneren Kind schreiben? Etwa so:

Geschriebener Text	**Mein Kommentar dazu**
Erwachsener: *»Hallo liebes Inneres Kind, wie geht es dir?«*	Die übliche Standard-Frage.
Inneres Kind: *»Gut!«*	
Erwachsener: *»Das ist ja fein! – Wie findest du eigentlich Sigrid?«* (das ist die Partnerin)	Es ist natürlich durchaus legitim, Themen vorzugeben, sofern das Innere Kind die annehmen will.
Inneres Kind: *»Ach, die ist immer ganz nett, nur manchmal nicht!«*	

167

Erwachsener: »*Oh, sag bitte mehr darüber!*«

Standard-Aufforderung.

Inneres Kind: »*Immer wenn sie schimpft, fühle ich mich ziemlich niedergemacht.*«

Streng genommen ist das kein Gefühl, sondern eine Beschreibung, was Sigrid nach Meinung des Inneren Kindes tut. Deswegen dient die folgende Frage des Erwachsenen der Präzisierung.

Erwachsener: »*Dann bist du wütend oder traurig?*«

Inneres Kind: »*Wütend. Aber eher auf dich!*«

Erwachsener: »*Oh, bitte sag mehr darüber!*«

Wieder die Standard-Redewendung.

Inneres Kind: »*Du fragst oft etwas, was du kurze Zeit vorher schon gefragt hast! Und dann bin ich natürlich sauer, weil du dich so doof anstellst. Und Sigrid ist auch wütend.*«

Beachten: Im ersten Dialog war nur von Sigrid die Rede. In diesem hingegen werden auch die Gefühle des Kindes erwähnt.

Erwachsener: »*Das klingt so, als ob es dir unangenehm oder peinlich ist?*«

Der Erwachsene bietet zwei Gefühle als Vermutungen an.

Inneres Kind: *»Ja, ich schäme mich immer so für dich!«*

Erwachsener: *»Oh, das kann ich gut verstehen. Willst du ein bisschen in meinen Arm kommen?«*

Einfühlung und Schutz, Schritt 1 im »Kochbuch«.

Inneres Kind: *»Ja.«*

Wieder: Zeit lassen.

Nach einer Weile: Erwachsener: *»Geht es dir jetzt besser?«*

Wieder: Nachfrage.

Inneres Kind: *»Ja. Aber das solltest du nicht mehr machen!«*

Mal sehen, ob der Erwachsene sich danach richten wird.

Erwachsener: *»Mal sehen. Aber erst mal möchte ich gerne wissen: Hast du dich auch schon früher so ähnlich gefühlt? Dass du dich schämen musstest?«*

Nein! Statt auf den gerade geäußerten Wunsch des Kindes einzugehen (was Abwehr wäre), bleibt der Erwachsene beim Inneren Kind und dessen Gefühlen. Und er gräbt ein bisschen tiefer.

Inneres Kind: *»Ja, früher, wenn Papa betrunken war und immer und immer wieder dasselbe sagte und Mutter ganz*

Volltreffer! Der Dialog sollte natürlich sogleich fortgesetzt werden, zum Beispiel: dem Kind von damals einfühlsam Liebe *wütend wurde, da habe ich mich für Papa geschämt.«*

geben und es schützen. Danach sollte man ihm versichern, dass der Erwachsene verlässlich bei ihm bleiben wird und dass *er* es ist, der für das Innere Kind jetzt zuständig ist. Die Aufgabe der Eltern ist nämlich schon lange beendet. Insofern muss eine Art »Wachablösung« formuliert werden. Hatte bisher nämlich das Kind über die Eltern gewacht und später über den Erwachsenen, muss das von nun an endlich in der richtigen Reihenfolge sein: der/die Erwachsene wacht über das Kind.

Stecken geblieben: 6. Dialog

Erwachsene: *»Hallo liebes Inneres Kind, wie geht es dir?«*

Inneres Kind: *»Ich habe solche Angst, dass uns Wolfgang verlässt!«* (Wolfgang ist der Partner)

Erwachsene: *»Das kann ich gut verstehen! Ich habe auch Angst davor!«*

Inneres Kind: »*Ja? Ach, eigentlich ist das ja alles gar nicht sooo schlimm!*«

Erwachsene: »*Meinst du? Wie kommst du darauf?*«

Inneres Kind: »*Du hast doch mich! Wir beide haben doch uns!*«

Erwachsene: »*Ja, das stimmt allerdings. Obwohl – das ist nicht dasselbe.*«

Inneres Kind: »*Was ist denn anders?*«

Erwachsene: »*Na, Wolfgang ist real, ist zum Anfassen. Und er kann manchmal sehr gut trösten. Ich fühle mich dann geborgen.*«

Inneres Kind: »*Trösten kann ich doch auch!*«

Hinweise, wie der Dialog möglicherweise besser laufen könnte

Zu Dialog 6: Wenn das Innere Kind die Erwachsene trösten will …

… dann ist das eine ähnliche Rollenumkehrung wie im Dialog zuvor beschrieben. Vielleicht hat das Kind in der Kindheit Ähnliches erfahren müssen. In die Rollenumkehrung lädt die Erwachsene mit ihrem zweiten Satz geradezu ein: »*Das kann ich gut verstehen! Ich habe auch Angst davor!*« Da muss das Innere Kind sich ja aufgefordert fühlen – und deshalb nimmt es sich gleich wieder zurück: »*Ja? Ach, eigentlich ist das ja alles gar nicht sooo schlimm!*«

Wie könnte man schreiben?

Geschriebener Text	**Mein Kommentar dazu**
Erwachsene: »*Hallo liebes Inneres Kind, wie geht es dir?*«	Die Standard-Frage.
Inneres Kind: »*Ich habe solche Angst, dass uns Wolfgang verlässt!*« (Wolfgang ist der Partner)	
Erwachsene: »*Das kann ich gut verstehen! Komm zu mir in den Arm!*«	Das Wichtigste wieder zuerst: Schutz geben.
Inneres Kind: *(tut es; erst ist es still, dann fängt es an zu weinen)*	
Erwachsene: *(tröstet und gibt Halt usw.)* Dann: »*Wie geht es dir jetzt?*«	Wieder: Zeit geben.
	Wieder die Nachfrage.
Inneres Kind: »*Wieder gut.*«	
Erwachsene: »*Erzähl mir bitte, was los war.*«	
Inneres Kind: »*Ach, als Papa gestorben war, das war auch so schlimm! Das kannst du dir gar nicht vorstellen!*«	Wenn ein Inneres Kind derartige Angst hat, den Partner zu verlieren, so dass es (wie in der ersten Version) die Erwachsene sogar noch

172

ansteckte, dann muss auch eine Verlustsituation der Kindheit zugrunde liegen.

Erwachsene: *»Erzähle mir bitte mehr darüber.«*

Die Standard-Aufforderung.

Inneres Kind: *(fängt an zu erzählen usw.)*

Jetzt geht es richtig ans Eingemachte, und da gilt es immer wieder, stets nach »Kochbuch« zu handeln: einfühlen, Trost, Schutz und Halt geben usw. (Schritt 1). – Wahrscheinlich ist es für die beiden nächsten Schritte (»Blick auf die Realität« und »Blick auf die Zukunft«) noch zu früh, und so sollte dieser späteren Dialogen vorbehalten bleiben.

In einer späteren Fortführung des Dialogs könnte man als 2. und 3. Schritt zum Beispiel schreiben: *»Sieh mal, Papas Tod war vor vielen Jahren. Jetzt sind wir erwachsen. Und ich werde immer bei dir bleiben! Das verspreche ich!«* Diese letzten beiden Sätze sind entscheidend angesichts der Angst des Inneren Kindes vor einem möglichen Partnerverlust: *»Egal, was auch passiert: Ich werde immer bei dir bleiben! Das verspreche ich!«* – Diese Angst vor dem Partnerverlust wird sich im Laufe der Zeit relativieren, je mehr der darunterliegende Schmerz über den Tod des Vaters heil werden kann.

Statt eines Nachworts ...

... habe ich eine dringende Empfehlung für Sie: *Bitte schreiben Sie!* Denn die besten Anleitungen sind nutzlos, wenn sie nicht angewendet werden.

Schreiben Sie – und führen Sie bitte die Dialoge nicht nur in Gedanken, *zumindest nicht in den ersten Monaten!* Das Ziel der Arbeit mit dem Inneren Kind ist natürlich, wieder zu einer gedanklichen und gefühlsmäßigen Einheit zu gelangen. Aber bis Sie dieses Ziel erreicht haben gilt: *Bitte schreiben Sie!* Denn durch den ausschließlich gedanklichen Dialog öffnen Sie der Abwehr Tür und Tor – unmerklich, wie es nun einmal die Art der Abwehr ist.

Dazu ein Erlebnis; es ist mir einige Male selbst widerfahren: Ich schrieb gerade etwas vom Inneren Kind auf. Noch während ich so schrieb, formulierte schon der erwachsene Teil in Gedanken eine Antwort, denn man kann ja beträchtlich schneller denken, als etwas niederschreiben.

Dann schrieb der Erwachsene, schrieb *ganz genau dasselbe*, was ich vorher überlegt hatte. Aber erst *in dem Moment,* in dem ich das niederschrieb, *änderte sich auch das problematische Gefühl* des Inneren Kindes.

175

Es ist ein großer Unterschied, Antworten nur zu denken oder sie auch aufzuschreiben.

Einige Menschen hingegen wollen anscheinend aber viel lieber *»glückliche Frösche«*, wie Erik Berne es ausdrückte, bleiben, statt von ihrem Geburtsrecht Gebrauch zu machen und glückliche Prinzen beziehungsweise Prinzessinnen zu werden. Das meint:

Viele sind offenbar damit zufrieden, sich nach der Lektüre dieses Buches nur ein *bisschen glücklicher* zu fühlen und *nicht vollständig* im Laufe der Zeit aus den Kindheitsprägungen auszusteigen.

Deshalb lege ich es Ihnen noch einmal ans Herz: *Schreiben Sie! Schreiben Sie! Schreiben Sie!* So können Sie »auf dem Weg mit dem Inneren Kind« wirklich zu glücklichen Prinzen und Prinzessinnen werden!

Viele gute Erfahrungen und viel Freude mit Ihrem Inneren Kind wünsche ich Ihnen.

Ihr Peter Bartning

Hinweis

Bitte haben Sie Verständnis dafür, dass ich telefonische Anfragen zum Buch oder zu von Ihnen geschriebenen Dialogen leider nicht beantworten kann.

E-Mails mit Dialogen hingegen können unter Umständen von mir oder meinen Assistenten bearbeitet werden.

Bitte sehen Sie dazu auf meiner Webseite die aktuellen Bedingungen für eine Dialogbegleitung. Dort ist auch die jeweils gültige E-Mail-Adresse für Dialoge angegeben:

www.beziehungsheilung.de

und dann auf »Dialogbegleitung« klicken.

Bitte nehmen Sie bei Bedarf Kontakt auf.